ZAFER A

KE$ O
TEYBIL

Keş On Dı Teybıl / *Zafer Algöz*

Yayıncı ve Matbaa Sertifika No: 10614

Genel yayın yönetmeni Ahmet Bozkurt
Yayıma hazırlayan Hakan Güngör
Kapak tasarım Eyüp İşkuran
Sayfa tasarım Eyüp İşkuran
Kapak fotoğrafı Deniz Özmen

ISBN: 978-975-10-3868-5

18 19 20 21 7 6 5 4 3
İstanbul, 2018

Baskı ve Cilt
İnkılâp Kitabevi Yayın Sanayi ve Ticaret AŞ
Çobançeşme Mah. Sanayi Cad. Altay Sk. No. 8
34196 Yenibosna – İstanbul
Tel : (0212) 496 11 11 (Pbx)

İnkılâp Kitabevi Yayın Sanayi ve Ticaret AŞ
Çobançeşme Mah. Sanayi Cad. Altay Sk. No. 8
34196 Yenibosna – İstanbul
Tel : (0212) 496 11 11 (Pbx)
Faks : (0212) 496 11 12
posta@inkilap.com
inkilap.com

ZAFER ALGÖZ

KE$ ON DI TEYBIL

İNKILÂP 91. yıl

Zafer Algöz

1961'de Kars'ta doğdu. 1975'te Bursa Devlet Tiyatrosu'nda açılan "Gençlik Kursları" ile tiyatro eğitimi almaya başladı. 1981'de girdiği Ankara Devlet Konservatuvarı Tiyatro bölümünden 1985'te mezun oldu. Aynı yıl Bursa Devlet Tiyatrosu'nda göreve başladı. 1989'da *West Side Story*'de Tony rolünü oynamak üzere İstanbul Devlet Tiyatroları'na atandı.

Amadeus, Çok Yaşa Komedi, Macbeth, Ay Işığında Şamata, Arturo Ui'nin Önlenebilir Yükselişi, Hamlet, Babaanem Yüz Yaşında, Ballar Balını Buldum, Atçalı Kel Mehmet, Vahşet Tanrısı, Yaşar Ne Yaşar Ne Yaşamaz, Münasebetsiz ve daha pek çok tiyatro oyununda sahneye çıktı.

Saygılar Bizden dizisiyle televizyona adım attı. Aralarında *Yazlıkçılar, Oğlum Adam Olacak, Komşu Komşu, Utanmaz Adam, Akasya Pasajı, Cesur Kuşku, Esir Şehrin İnsanları, Çınaraltı, Kapıları Açmak, Hasret, Cumhur Cemaat, Kurtlar Vadisi Pusu, Behzat Ç., Mükemmel Çift, Mor Menekşeler, İbret-i Ailem, Beni Böyle Sev, İntikam, Mihrap Yerinde, Hayatımın Aşkı* ve *Bir Deli Sevda*'nın da yer aldığı birçok dizide oynadı. Televizyon için programlar hazırladı.

Ağır Roman, Duruşma, Salkım Hanım'ın Taneleri, O Şimdi Mahkûm, Sınav, Umut Adası, A.R.O.G, Umut, Yahşi Batı, Dedemin İnsanları, Uzun Hikâye, Pek Yakında, Tut Sözünü, Ali Baba ve 7 Cüceler, Deli Dumrul, Kaçma Birader, Deli Aşk, Arif v 216 gibi filmlerde rol aldı.

İlk kitabı olan *Haşırt Dı Bilekbord* 2017'de İnkılâp Kitabevi'nden çıktı.

İÇİNDEKİLER

ÇOK ZAMANSIZ KAYBETTİĞİM SEVGİLİ DOSTUM, OYUNCU ARKADAŞIM
PAYİDAR TÜFEKÇİOĞLU'NUN AZİZ HATIRASINA...

SUNU

2014'ün Aralık ayıydı. *Kafa Dergisi*'ni kurmuştum. Elimdeki en büyük "sermaye" dostlarımdı. "Bir dergi çıkarsam kimlerin yazmasını isterim?" diye sordum kendime. Ve başladım tek tek aramaya... İlber Ortaylı, Sunay Akın, Ataol Behramoğlu, Nihat Sırdar, Zafer Algöz... Gel gör ki, Zafer Algöz'le tanışıklığımız vardı lakin o güne kadar bir kez dahi görüşmüşlüğümüz, hatta konuşmuşluğumuz yoktu. Ancak rahattım. Çünkü Beşiktaş kan bağı olmayan ama birbirlerini kardeş seçen insanların hikâyesiydi. İki kez çaldı telefonu, üçüncüde açtı. Tam da düşündüğüm gibi kırk yıldır tanışıyormuşçasına sohbet ettik. "Abi," dedim, "ben bir dergi çıkarıyorum, yazar mısın?" "Ne demek Kartalım, elbette yazarım ama ne yazayım bilemedim ki," dedi. "Süslü cümlelere, edebi kasmalara gerek yok. Yaşadığın, unutamadığın anılarını tıpkı bize anlatır gibi yaz, kâfi abi," dedim. Çünkü Zafer Algöz benim ömrü hayatımda tanıdığım en iyi anlatıcıydı. Aktörlükten gelen o müthiş yeteneği ve eşi benzeri bulunmayan mizahi dehasıyla anılarını öyle bir anlatırdı ki Zafer Abi, sanki o an oradaymış gibi hissederdiniz.

Kafa Dergisi'nin 2015 Ocak sayısı Zafer Algöz'ün o müthiş ilk yazısıyla çıktı: "Viva Santana". Zafer Algöz okuyucularını, 1989'da İstanbul'daki ilk Carlos Santana konserine götürdü ve devlet büyükleri yerine protokolde oturan boyacı Roman çocukların tam yanına oturttu. Zafer Abi sayesinde bir ay Öztürk Serengil'le İzmir'de rakı balık yapıyor, ertesi ay Kemal Sunal'la kulisinde sohbet ediyorduk. Algöz'ün yazarlığı kısa süre içinde *Kafa Dergisi*'nin sınırlarını da aşacaktı. İlk kitabı *Haşırt Dı Bilekbord* satış rekorları kırdı. Haftalarca en çok okunanlar listesinde, en tepede kaldı. Üniversitelerde, kitap fuarlarında her yaştan, her kesimden okuyucuları ellerinde kitaplarıyla metrelerce kuyruk oluşturdu. Eminim ki, şu an elinizde tuttuğunuz ikinci kitabı *Keş On Dı Teybıl* ilk kitabından çok daha fazla okuyucuyla buluşacak.

Zafer Algöz artık sadece Türkiye'nin yetiştirdiği en büyük aktörlerden biri değil, o aynı zamanda kalemi eline aldığında okuyucusuna eşi benzeri olmayan ziyafetler sunan müthiş bir yazar.

Candaş Tolga Işık

ÖNSÖZ

Hayatım boyunca hep oyunculukla uğraştığım için yazarlık meselesinden uzak durmuşumdur. Belki cesaret edemediğimden, belki de tembelliğim yüzünden hep uzak kaldık birbirimize. Benim işim oynamak, hikâye anlatmak, yazılmış bir metin üzerinden marifet sergilemek... Bazen de yazılmış bir metin üzerinden fikir yürütmek, "Şurası olmuş, burası olmamış" gibi.

Oyunculuk yapan birinin kendini gösterebileceği alanlar belli. Mesela sinemada oynamanın tadı başka. Kendini dev gibi perdede görüyorsun. Üç ayda yaptığın işi, koca salonda yüzlerce insanla yüz yirmi beş dakikada izliyorsun. Sonra o film vizyondan çekiliyor. Televizyonlarda yayınlanıyor ve devamında internette yerini alıyor. İstediğin zaman da altını ısıtıp yemeği ateşe koyabilirsin. Eskiden oynadığın TV dizileri için de aynı şey söz konusu tabii ama tiyatro öyle değil. Her akşam yeniden, yeniden oynuyorsun. O gece sahnede ne oluyorsa, ne yaşanıyorsa sadece oynayanlar ve izleyenler arasında geçiyor. Perde kapandıktan sonra güzel bir akşam yemeğini bitirip sofrayı topluyorsun. Ertesi akşam yine aynı kalitede yemek yapmanın sorumluluğu var. Oynadığın her gece yeniden sınava giriyorsun.

1985-86 yıllarında hocalarımın hocası Mahir Canova sinema ile tiyatro arasındaki lezzet farkını çok güzel bir şekilde anlatmıştı:

"Sinema ve tiyatro yemek gibi bir ihtiyaçtır. Lezzetsiz yapılırsa yandın, kimse tadına bakmak istemez. Ama güzel yapılmışsa lezzetine doyum olmaz. Sinema konservedir, aynı standartta binlerce çoğaltabilirsin. Tiyatro ise taze yemektir. Sadece o gece yapılır, o gece gelen misafirlere ikram edilir. O yüzden tiyatro suya yazı yazmaktır."

Vay canına, deyimin güzelliğine bakar mısınız... "Suya yazı yazmak!" Her oyuncunun yapamayacağı tiyatro oyunculuğunu yapıyorsun. Film olsa iki ayda çekebileceğin bir hikâyeyi iki saatlik bir maratonda oynamak zorundasın. Finalinde güzel bir teşekkür alkışı, o kadar... Mahir Hocam'ın dediği gibi, hayatımız tiyatroda hep "suya yazmak"la geçecekse eğer, kâğıda yazmakta daha fazla geç kalmamalıyım diye düşünmüşüm sanıyorum.

Yazmak konusunda ilk yüreklendiren kişi Candaş Tolga oldu, sağ olsun. *Kafa Dergisi*'ni çıkardığı zaman aradı ve ne istersem yazabileceğimi söyledi. Haftalık bir dergi olsa yazamazdım sanıyorum. Aylık olması beni cesaretlendirdi. İlk sayı çıktığında insanda yarattığı mutluluk başka bir şey... Evinizde yazdığınız yazıyı bir dergide, bir kitapta, bir gazetede görmek, derginizin ya da kitabınızın stantlarda yer alması, insanların yazdıklarınızla ilgili değerlendirmeler yapması çok farklı bir lezzetmiş gerçekten.

İlk kitabım *Haşırt Dı Bilekbord*'u yazarken hep şöyle düşündüm: Ben yazar değilim, hikâyeciyim. Yazdıklarımı okuyanlar stand-up gösterisi izliyormuş gibi hissetsin. Hiç sıkılmasınlar, kitap bittiğinde "Aaa ne çabuk bitti!.." desinler. Sanırım istediğimi başardım. Bazı kitap fuarlarında "Yıllardır kitap okuyamıyordum ama sizin kitabınızı soluksuz okudum," diyenlere rastladım. Mutluluğum daha da arttı. Birçok okurdan da şöyle mesajlar aldım:

"Toplu taşıma araçlarında çok güldüğüm için herkes bana deli gözüyle baktı. Keşke kitabınızın kapağına bir uyarı koysaydınız."

Fena fikir değilmiş doğrusu, hoşuma gitmedi desem yalan olur.

İlk kitabım *Haşırt Dı Bilekbord*'da herkesin tanıdığı insanlarla yaşadığım eğlenceli anılarımı paylaştım. İkinci kitabım *Keş On Dı Teybıl*'da ise kitaba konu olan bazı kahramanlarımı tanımıyorsunuz. Eğer yazarak bu insanları size tanıtabilirsem, ne mutlu bana. Kitabı okurken o kahramanları gözünüzün önüne getirebilirsem, daha ne isterim...

Kitabı okumadan önce küçük bir hatırlatmada bulunayım. Affınıza sığınarak, bazı öykülerin içinde küfürler var. Bunlar iş olsun diye yazılmış sözcükler değil elbette. Hikâyenin kahramanları tarafından kullanıldığı için hiç bozmadan, kısaltmadan ya da noktalar koymadan yazdım. Küfür yerinde, zamanında ve kıvamında kullanıldığı zaman etkili oluyor. Ama her insana da yakışmıyor işin doğrusu. Kiminin dilinde cila, kiminin dilinde deve dikeni gibi oluyor. Söyleneni ağızdan çıktığı gibi değil de biraz hafifleterek ya da başka bir anlamıyla yazınca da yemeğin lezzetiyle oynanmış gibi oluyor. O yüzden tuzuyla biberiyle oynamadım.

Bu kitabın çıkmasına vesile olan herkese çok teşekkür ediyorum. Arkadaşlarıma, dostlarıma, sevdiklerime, "İyi ki varsınız," diyorum.

Büyüklerimin ellerinden, küçüklerimin gözlerinden öpüyorum.

Zafer Algöz

ROL DAĞILIMI

Ahmet Taşçı
Ahmet Uğurlu
Alev Sezer
Ali Cengiz
Ali Düşenkalkar
Ali Haydar Yurtsever
Ali Sürmeli
Ali Şen
Altan Erkekli
Alyanak İsmail
Antoni Gaudí
Asuman Korad
Atıf Yılmaz
Atilla Olgaç
Aziz Nesin
Baba Hakkı (Yeten)
Berç Abi
Bozkurt Kuruç
Burçak Kavukçu
Bülent Ecevit
Can Yılmaz
Can Yücel
Carl Ebert
Cem Yılmaz
Cemil Özbayer
Cenk Koray
Cevdet Algöz
Cico (Cahit Çağıran)
Cihan Ünal
Civan Canova
Cüneyt Gökçer
Çakır Yavuz
Çiçu
Dadaş İsmail
Deli Ali (Davutoğlu)
Demet Evgar
Ecder Akışık
Ece Derici
Elke Hanım
Emin Gümüşkaya
Emir Tayla
Ensar Kılıç
Erdal Uğurlu
Ergün Uçucu

Erkan Can
Ertuğrul İlgin
Euan Smith
Fatih Koyunoğlu
Ferdi Özbeğen
Ferhan Şensoy
Feyha Çelenk
Fikret Hakan
Fikret Orman
Gökhan Kıraç
Güven Kıraç
Halaoğlu Yalçın
Haluk Kurdoğlu
Hüsamettin Cindoruk
Hüseyin Rahmi Coşar
Işıl Dayıoğlu
Işık Toprak
İhsan Karademirler
İsmail İncekara
İsmet İnönü
Jack Nicholson
James Dean
Kamran Usluer
Kartal Tibet
Kel Aşkın
Kenan Işık
Kim Basinger
Kolombo Hamza (Çobanoğlu)
Lemi Bilgin
Levent Conker
Levent İntepe
Lionel Messi
Lote Hanım
Luciano Pavarotti
Macit Flordun
Mahir Canova
Mehmet Ali Birand
Mehmet Ali Kaptanlar
Mehmet Bey
Melahat Çobanoğlu
Memet Ali
Mesut Yılmaz
Metin Belgin
Michael Douglas
Murat Bey
Mustafa Kemal Atatürk
Mustafa Uğurlu
Muzaffer Bey
Müge Gürman
Nahit Abi
Necmettin Karaduman
Neyzen Tevfik
Notre Dame Ahmet Dayı
Numan Tala Pakner

Nur Subaşı
Nurtekin Odabaşı
Orhan Asena
Orhan Tetikcan
Oya Odabaşı
Ozan Güven
Özkan Uğur
Öztürk Serengil
Paul Newman
Pehlivan İzzet Dayı
Peter Falk
Rahmi Koç
Raik Alnıaçık
Recep Sarı
Ricardo Quaresma
Rudo
Sadık Dayı (Karataş)
Sarp Levendoğlu
Savaş Başar
Savaş Dinçel
Selami Üney
Semih Sergen
Sevinç Aktansel Çetinok
Sinan Tuzcu
Siyami Bey
Sönmez Atasoy
Sudi Özkan
Suflör Cenap
Suphi Kaner
Süha Tuna
Süleyman Demirel
Süleyman Seba
Sünnet Çocuğu Clemens
Şakir Gürzumar
Şener Şen
Tom Cruise
Tuncer Cücenoğlu
Turan Oflazoğlu
Turgut Özakman
Turgut Özal
Tülin Oral
Uğur Yücel
Umur Bugay
Umut Kurt
Ümit Besen
Vehbi Dayı
Yalçın Davran
Yalın Tolga
Yaşar Esgin
Yavuz Turgul
Yıldırım Demirören
Yiğido
Zafer Ergin

ERTUĞRUL İLGİN

KEŞ ON DI TEYBIL

Kumar bir eğlence midir, bir kazanç kapısı mı? Yoksa tedavi edilmesi gereken bir hastalık mı? Zaten tek tedavi yöntemi tamamen dibe vurmak ya da yemin billah tövbe etmek oluyor. Kazanç kapısı konusuna gelince... Bununla ilgili en güzel cevabı Bulgaristan'da *Ali Baba ve 7 Cüceler* filmini çekerken kaldığımız otelin ve başka birçok yerin sahibi Sudi Özkan vermişti. "Casinolardaki hangi oyunda kazanma yüzdesi fazla? Siz ne tavsiye edersiniz?" dedik, güldü.

"Benim gibi yapacaksınız evladım. Bakın bana, ben oynuyor muyum? Hayır, oynatıyorum. İnsanlar kendi tercihleriyle geliyor. Kimseyi casinolara zorla sokmazlar. Ben şansını denemek isteyenlere yatırım yapıyorum."

Neticede kimsenin kumarı savunduğu yok... Faydalı bir şey olsa "kumar illeti" diye tanımlanmazdı. Kumar paranın icat edilmesiyle mi ortaya çıkmış, yoksa insanlar Taş Devri'nde avladıkları hayvanları ortaya koyup küçük yassı bir taşın bir yüzüne tükürerek, "Yaş mı, kuru mu?" diye birbirlerini tokatlamaya mı başlamış, orası bir muamma...

Elbette eş dost arasında küçük miktarlarda oynanmasında bir sakınca yok. Oyuna bir ciddiyet getirir, heyecan olur. Ama kazanma hırsıyla elde avuçta ne varsa hepsi gidiyorsa; evler, arsalar, arabalar, yazlıklar satılıyorsa... Kredi kartları tek tek patlıyorsa, ödenemeyen krediler neticesinde haciz kâğıtları yağıyorsa... Emekli, gariban babanın üç aylığına, büyükannenin altın dişine kadar düştüysen, öl daha iyi...

Yıllar yıllar önceydi... Rahmetli Öztürk Serengil'le 1985 yılında tanışmıştık. İlk kitabıma isim babası olan *Haşırt Dı Bilekbord*'un kahramanı... Hayatını sinemaya ve kumar tutkusuna adamıştı rahmetli Öztürk Serengil... Öztürk Abim güzel bir Çeşme gecesi sohbetinde dedi ki:

"Eğer bir insana beddua edeceksen, 'İnşallah çoluğun çocuğun kumarbaz olur' diyeceksin. Çünkü kumarbaz sadece kendini değil, önce aileyi, sonra sülaleyi, en sonunda da yakın dost, arkadaş kim varsa, herkesi dibine asit döküp kurutur. Elde avuçta ne varsa... Birikmiş, birikmemiş, saklanmış, sakınılmış... Aklınıza gelen her yolu dener, paraya çevirir ve ortalığın ecdadını sikeeerrr... Kumardan uzak durun. Aman, aman diyorum... Bak iki kere söyledim, Allah'ın hakkı üçtür. Son kez söylüyorum, aman!.."

Bunu zamanında bir çift zarla Şişli'de bir "apartuman" kazanan, ertesi gün de bir çift zarla aldığı "apartumanı" geri veren bir profesyonel söylüyorsa elbette dikkate almakta fayda var.

ÖZTÜRK SERENGİL

Tehlikeli bir oyun kumar ve onun da raconları var. Ama yeri gelmişken Öztürk Serengil'le ilgili bir menkıbeyi de buraya not düşelim...

Hikâyenin anlatıcısı büyük aktör, rahmetli Savaş Dinçel Ağabeyim. Bir dolu marifeti olan çok kıymetli bir sanat adamıydı Savaş Dinçel... Umur Bugay'ın projesi *Oğlum Adam Olacak*'ın çekimlerinde anlatmıştı. Öztürk Serengil, zamanında Türk sinemasının en çok kazanan aktörüymüş. Ama işte kumar illeti yüzünden kazandığı, yatırım yaptığı her şeyi tek tek elden çıkarmak zorunda kalmış. Elde avuçta ne varsa eriyip gidince, geriye sadece Kemerburgaz taraflarında sekiz-on odalı eski bir taş ev kalmış. Öztürk Abim'in derdi evi hemen nakde çevirip satmak... Arkadaşları bir öneride bulunmuş:

"Aman, sakın evi satma! Gel sana Turizm Bankası'ndan kredi çekelim. Devlet turizme yatırım yapanlara elli yıllık, uygun koşullarda kredi veriyor. Gel, buraya küçük bir motel yap. sekiz-on odası var, yarın kimseye muhtaç olmadan oranın geliriyle aslanlar gibi yaşarsın."

"Fikir güzel de nasıl olacak o iş arkadaş? Hadi, 'Ben geldim yatırım yapacağım' diyeceksin... Devlet de 'Hoş geldiniz, verin krediyi hemen' mi diyecek? Ankara'da adamın... olmasa da madamın şart!"

Öneriyi Öztürk Abim'e sunanlar bastırıyorlar.

"Abiciğim, sen merak etme... Bakanın özel kalem müdürü

arkadaşımız, kardeşimiz. Seni de çok seviyor. Rica ederiz, önceden bakanla konuşur, derdimizi anlatır."

İstanbul'da bir buluşma gerçekleştiriyorlar. Bakanın özel kalem müdürü rahmetli Cenk Koray'la bir araya geliyorlar. Cenk Koray zaten herkese tarafından bilinen, tanınan ve sevilen bir adam. TRT'nin efsane olduğu dönemlerde hatırlarda kalan çok güzel işlere imza atmıştı, hatta bir dönem Beşiktaş'ın basın sözcülüğünü de üstlenmişti. Cenk Koray gereken resmi işlemlerin takibini yapacağını, konuyu da bakanla paylaşacağını söylüyor ve vedalaşıyorlar. Gel zaman git zaman Ankara'dan hayırlı haberler geliyor. Cenk Koray, sağ olsun konuyla ilgilenmiş. Bakan da gereken teveccühü esirgememiş, son derece uygun koşullarda kredi hazır. Böylece Öztürk Abim hayalindeki küçük butik oteli yapacak sonunda... Öztürk Abim'e şöyle diyorlar:

"Tamam, kredi işini çözdük. Ama senin de Ankara'ya gidip bakana bizzat teşekkür etmen gerekmez mi? Nezaketen bir hoşluk olur. En kısa zamanda, hatta yarından tezi yok, hemen atla git."

Ah işte söylemesi güzel de... Onlar Öztürk Abim'in nasıl çılgın bir adam olduğunu bilemiyorlar tabii... Atlayıp Ankara'ya gidiyor. Cenk Koray bakanlık koridorunda karşılıyor Öztürk Abim'i. Randevu saatine kadar ayaküstü üç beş dakika sohbet ediliyor ve içeriye doğru hamle yapıyorlar. Bakanlık sekretaryasında hemen tanıyorlar Türk sinemasının bir döneminin büyük yıldızını... Kadınlardan biri iltifatı biraz fazla kaçırınca Öztürk Serengil kadına dönüyor, "Hanımefendi pantolonu gösteren ütüdür, kadını gösteren de götüdür derler... Sizde de maşallah mehtap gibi göt varmış, biraz yediğimize içtiğimize dikkat edelim," diye gereksiz ve zamansız bir espri yapıyor. Kadıncağızın bu laf karşısında tansiyonu düşüyor, kadın fenalık geçiriyor. Cenk Koray durumu toparlamak için koluna girip Öztürk Abim'i uzaklaştırıyor. Sonra sekretaryadan "Buyurun efendim" geliyor ve içeri giriyorlar. Bakan masasında... Cenk Koray ve Öztürk Serengil de masanın yanındaki koltuklara çöküyor. Hoş geldiniz, nasılsınız faslından sonra çay kahve içip, konuyu açmaya çalışıp, teşekkürle karışık kem küm ederken bakandan rahatlatıcı hamle geliyor. Telefonla sekreteri arıyor.

"Kızım bana Turizm Bankası genel müdürünü bağla."

Telefonda konuşuyorlar.

"Öztürk Serengil Bey'in uygun vadeli kredisini verelim, sanatçımızı üzmeyelim."

Telefon kapanıyor. Yüzlerde tatlı bir tebessüm... Artık teşekkür edip makamı terk etmekte fayda var. Bakanla görüşmek için dışarda bekleyen bir sürü insan var. Ayaklanıp teşekkür seremonisine geçmişken beklenmeyen bomba patlıyor! Öztürk Abim birden bakana şapur şupur dalıyor! Asıl neden "Sen bana babalık yaptın, ben de bir komedyen olarak sana özel bir komiklik yapayım da hatırım kalmasın" meselesi...

"Bakan, bakan, bakan... Öpaj... Öpaj... Öpaj..."

Adamın alnının ortasından öpüyor. Kafanın "bıngıldak" denilen nahiyesine bile dalıyor.

"Kelaj... Kelaj... Kelajjj..."

Bakanın şaşkınlığına hiç fırsat vermeden birden eğiliyor, bacaklarının arasından kolunu eşek penisi gibi sallayıp, "Antini Kukas! Maşallah Antini Kukas!" diye zücaciye dükkânını dağıtan bir fil gibi yapacağını yapıyor. Cenk Koray yine koluna girip Öztürk Abim'i hemen dışarı doğru sürüklüyor. Zaten onlar çıktıktan hemen sonra bakan, genel müdürü tekrar arıyor. "Öztürk Bey'e çıkardığımız krediyi derhal iptal edin!" diyerek butik otel olması düşünülen binanın kumar masalarında elden gitmesine vesile oluyor.

Hani yazımızın başlarında casino ve kumar dünyasının da raconları var demiştim ya... Mesela kazanırken de kaybederken de kendini bozmayacaksın. "Ben kazanacağım" diye kendini baştan doldurmayacaksın. "Cebimde şu kadar param var, onu kaybetmeye hazırlıklıyım" diyeceksin. Baktın şansın yaver gitmiyor, o vakit paranın tamamını kasaya bırakmanın bir anlamı yok. Çünkü her koşulda dükkân kazanıyor. Kumarhaneler sayesinde, otelleri, barları, restaurantları, bir dolu yatırımı olan milyarderler vardır elbette... Ama hayatım boyunca casinodan kazandığı kumar parasıyla otel sahibi olan ya da üniversite kuran birini hiç duymadım.

Ben kumardan hiç anlamam. Ama gittiğim otelde casino varsa, rulette şansımı küçük küçük denerim. Oraya gelen giden, oyunları seyreden ya da oynayan insanlara bakarım. Eğer casino yoksa, taksiye atlayıp bilmediğim bir ülkede casino kovalayamam. Diyelim kaybettin, o zaman sorun yok. Ama kriminal bir ülkede sağlam bir para kazanırsan otele nasıl döneceksin? Kazandığın parayı elinden aldıkları yetmezmiş gibi adamı dolmalık kabak gibi oyarlar, kıçının bir yanağına da falçatayla imza atarlar. Tedbirli olup uzak durmakta fayda var...

Kumarın bir zengin sporu olduğunu da kabul etmek lazım... Adamın serveti milyar dolarlarla ölçülüyorsa, kumarda milyon dolar kaybetse öyle adama koymaz. Yel kayadan toz alır hesabıyla kaybetmeyi bile bir eğlence olarak görür ve güler geçer. Onlar zaten Las Vegas'ta, Monte Carlo'da krallar gibi ağırlanıyorlar ve işin keyfini sürüyorlar. Parayı zor kazanıyorsan, maaşlı bir adam ya da kadınsan, yandın... Sonu kesinlikle hüsran. Zaten sorduğunda az kaybettiklerini ve genelde kazandıklarını iddia eder, kendilerini kandırırlar.

Ruletle ilgili bir araştırma yapmıştım, kim bulmuş bu oyunu diye... Çok enteresandır, bu oyunu rahipler icat etmiş. Oyunda, yarısı siyah, yarısı kırmızı 1'den 36'ya kadar numaralar var. Hatta yeşil renkli sıfır bile var. Amerika'da sıfırın yanında ayrıca çift sıfır da varmış. Krupiye topu çeviriyor. Sen o anda tercihini yapıp istediğin numaraların içine elindeki markalardan koyuyorsun. Belli bir süreden sonra para mefhumu kayboluyor. Değeri ne olursa olsun, oynayana renkli bir nesne gibi değersiz gelmeye başlıyor. Çarklara çarpa çarpa top sonunda bir rakamın içine düşüyor. Eğer sizin koyduğunuz numaraya oturduysa, kaç para koymuşsanız otuz altı katını alıyorsunuz. İki numarayı birleştiren çizgideyse daha az, dört rakamı birleştiren merkezdeyse daha da azını alıyorsunuz. İsterseniz bölgelere de oynayabiliyorsunuz. Kaybedenlerin koyduklarını da elektrikli süpürge gibi topluyor, langırt köy sandığına... Eee kim kazançlı çıktı bu işten?.. Kazanan tek numaraya para ödüyor, diğerlerinden devamlı yoluyor...

Türkiye'de casinolar dönemi varken, müthiş bir kumar furyası başlamıştı. Sonra iyi ki yasaklandı. Dükkânı, tarlayı, traktörü satanlar bile casino çarklarında kıyma oldular. Bazı kumarcılar casino önlerinde kendini vurmaya başladı. Aşırı kazanma hırsı ve sonunda feci final...

Eskilerden rahmetli Atıf Yılmaz, amatör bir rulet hastasıydı. Çok büyük paralarla oynamazdı. Hiç üşenmeden tüm masaları gezer, rulette topları atan krupiyeleri tek tek adıyla not ederdi. Her çevirişte hangi numaraları atıyorsa tek tek yazar, istatistik tutardı. Bazen kırmızı ya da siyah gelecek diye renk oynardı. Kimi zaman bölgelere çiçekler yapar, karanfiller döşerdi ama nafile... Sonuçta altın kural hiç değişmez, casino hep kazanırdı...

Bulgaristan'a film çekimine gittiğimizde, Sofya'da kaldığımız otelin casinosu gözlem yapmak için mükemmel bir ortamdı.

Dünyanın başka ülkelerinden gelen, filmlere konu olacak zenginlikte karakterler vardı. Bir gün İsrail'den iki otobüs dolusu turist geldi. İnanamadım, hepsi yaşlıydı ve kumar turuna gelmişlerdi! 80'li yaşlarda İsrailli bir dedeyi tekerlekli sandalyeyle casinoya getirdiler. Sandalyeden başkalarının yardımıyla güçlükle kalktı, yürüteç desteğiyle bebek gibi güçlükle ve yavaş yavaş casinoya girdi. O halde gidip oyun oynamak için kasadan çip satın aldı. Önce bütün casinoyu dolaştı, havayı kokladı, ruletlere baktı, pokercileri gezdi. Makinede oynayanları, 21'cileri izledi. Adam giderek gençleşti ve bir dinamizm geldi bacaklarına... "Vaaay be!" dedim, şu kumar tutkusu nasıl şeymiş arkadaş... Bir saat içinde 80'lik İsrailli dedeyi 70'li yaşlara indirdi. Sonra, "Neden hayret ediyorum ki?" dedim kendi kendime. Zamanında tanıdığım, bazı oyunlarda birlikte oynadığım ve renkli hayat hikâyesini bizzat kendisinden dinlediğim 80'li yaşlardaki Ertuğrul İlgin de yaşıyor olsaydı, belki de bu casinoda bir gün rulette kırmızı-siyah oynarken karşımıza çıkabilirdi. Başından sonuna kadar ibret dolu bir hayat... Olur ya, bunu film yapmaya niyetlenirsek... Kırmızı ve siyah arasında gidip gelen ve öylece biten bir hayat...

1936 yılında 2. Dünya Savaşı'nın ayak sesleri duyulurken bir büyük adam sessiz sedasız Türkiye'ye geliyor. Mustafa Kemal Atatürk çağdaş bir ülke inşa etmeye başlarken, sanat konusunda, özellikle Batı sanatlarına dair çalışmalar yapılması gerektiğini çok iyi biliyor.

Alman sanat adamı Carl Ebert'in gelişi büyük bir şans... Onu, Mustafa Kemal Atatürk ve İsmet İnönü'nün davet ettiğini biliyoruz. Proje büyük...

Alman rejisör ve sanat adamı Carl Ebert, birçok yabancı bilim insanıyla beraber ülkemize geliyor. İlk olarak 1936'da eski adıyla Musiki Muallim Mektebi'nde öğretmen olarak çalışmaya başlıyor. Sonra Ankara Devlet Konservatuvarı'nı kuruyor. İlk mezunlar yavaş yavaş yetişirken; diğer taraftan Devlet Tiyatroları, Opera ve Balesi, Orkestraları hızla yapılandırılıyor. Günümüz konservatuvarlarının ve sanat kurumlarının hâlâ ayakta kaldığını görüyorsak, bu başarı hikâyesinin arkasında şüphesiz üç isim var: müthiş vizyonuyla büyük önder Atatürk, sonra İnönü ve Alman sanat adamı Carl Ebert.

Profesör Ebert yaklaşık on bir yıl Türkiye'de kalıyor. Tıpkı bir futbol takımının altyapısını eğitir gibi, Ankara Devlet Konservatuvarı'nda her dalda sanat orduları yetiştiriyor. Ebert, sadece tiyatro oyunları sahneye koymakla yetinmiyor. Diğer taraftan opera eserlerini de sahneye taşıyor. Çağdaş dünya ülkelerinde seyirciyle buluşan önemli eserler ülkemizde de sahnelenmeye başlıyor. Ebert'in bu muhteşem sanat atılımında ona yardımcı olsun diye konservatuvardan iki genç tiyatrocuyu yanına asistan olarak seçiyorlar. Tiyatrodaki asistanı Mahir Canova, İngilizce ve Almanca biliyor. Ertuğrul İlgin ise biraz daha becerikli dil konusunda. Dört yabancı dili çok çok iyi biliyor. Profesör Ebert'ten el aldıktan sonra Mahir Canova ülkemizin yetiştirdiği en önemli rejisörlerden ve öğretmenlerden biri oluyor. Muhteşem oyunlar sahneye koyuyor ve çok büyük oyuncuların yetişmesine vesile oluyor. Ertuğrul İlgin ise önceleri operalar sahneye koyuyor, tiyatroda bazı rollerde oynuyor. Ama aklı Mahir Canova gibi hep sanatta değil. Kafaya taktığı ve rüyalarında bile oynadığı rulet hastalığı var. Düşünün,

MAHİR CANOVA

o devirde bile her fırsat bulduğunda Avrupa'ya kumara gidiyor. Kumardan kim zengin olmuş ki Ertuğrul Hoca olsun... Üstelik gariban tiyatrocu maaşıyla ne kadar rulet oynayabilir ki bir kumarbaz...

Hocamız Raik Alnıaçık yıllar önce anlatmıştı. Fransız bir yönetmen gelmiş, Ankara'da Shakespeare'den *On İkinci Gece*'yi sahneye koyuyor. Ertuğrul Baba da oyunda Malvolio'yu oynuyor. Okuma provalarından sonra sahnede akış provalarına geçiyorlar. On beş gün sonra prömiyer yapacaklar. Ertuğrul Baba provadan sonra yönetmenle baş başa konuşuyor. Devamında yönetmen hüngür hüngür ağlıyor ve "Tamam gidebilirsin," diyor. Raik Hocamlar o devirde gencecik tiyatrocular, ne olduğunu anlamıyorlar. Sonra yönetmen durumu açıklıyor:

"Ertuğrul üç dört gün izinli. Onun yerine birileri teksti eline alsın, onun rolünü marke etsin, akış provalarımız devam edecek."

Ertuğrul Baba olmadan beş altı gün prova yapıyorlar. Bir hafta dolmadan çıkıp geliyor, önce elindeki çantayı Raik Alnıaçık'a veriyor ve "Evlat bu sana emanet, sakın çantayı bir yerde unutma," diye tembihliyor. Ardından Fransız yönetmenle konuşuyor. Tekrar kucaklaşıp ağlamaya başlıyor iki koca adam. Kimse ne olduğunu anlamıyor. Prova bittikten sonra yönetmen, "Ertuğrul sana çok teşekkür ediyorum, yaşadığın bu büyük acıya rağmen bizimlesin," diyor. Prova sonunda emanet

Devlet Tiyatroları *On İkinci Gece*'yi 1964'te Paris'te sahnelemiş, bir Paris gazetesi sanatçıların karikatürünü yayımlamıştı. Soldan sağa: Cüneyt Gökçer, Ayten Gökçer, Çiğdem Selışık, Kerim Afşar ve Ertuğrul İlgin.

ettiği çantayı Raik Hoca'dan almaya geliyor ve olay aydınlanıyor. Fransa'da özel bir tiyatroda *On İkinci Gece* oynanıyor. Orada Malvolio rolünü oynayan aktör beyin kanaması geçiriyor ve bu haberi alan Ertuğrul Baba role talip oluyor. "Fransızca oynarım, üç temsil karşılığında şu kadar para isterim," diyor ama buradaki provalarından birkaç gün kaçması lazım, nasıl olacak bu iş? Fransız yönetmene, "Mösyö, annem Paris'te, çok hasta ve ölmek üzere. Ölmeden beni görmek istiyor. Lütfen izin verin, gidip geleyim," diyor. Böylece sarmaş dolaş ve gözyaşlarıyla dolu kucaklaşmanın nedeni belli oluyor. Fransa dönüşü senaryo daha basit.

"Maalesef annemi kaybettim..."

Emanet ettiği çantayı Raik Hoca'dan alırken gülüyor.

"Evlat, merak edip çantaya bakmadın mı?"

"Yok hocam, hiç bakar mıyım... Başkasının çantasını açıp niye bakayım?"

"Aferin oğlum, bu enayiliğe devam et," diyerek çantayı açıyor, çantanın içi tıka basa para dolu! Üç temsil karşılığında aldığı parayı kumarda şansı yaver gittiği için kat kat çoğaltmış.

"Yahu biz sana çeşmeyi emanet ettik, sen de hiç olmazsa bir tas doldursaydın..."

Çantanın içinden avuçladığı bir miktar parayı harçlık olarak veriyor.

"Al bakalım evlat, bu da senin hakkın."

Günler geçiyor, *On İkinci Gece* sahnelenmeye başlıyor. Bir iki hafta sonra başka bir oyun devreye girince, vınnnn diye Avrupa'ya gidiş... Yine rulette kırmızı-siyahta şans arama serüveni. Ama bu defa şansı yaver gitmiyor. Erkenden kafası kopuyor ve tekrar vatana geri geliyor. Sürekli kafasında rulet var. Yıllarca şunu savunuyor:

"Rulette 36 numarada 1 numarayı tutturmak zor iş. Ama kırmızı-siyah oynarsan yüzde elli kazanma şansın var. Bunun sayısal anlamda bir gelme sihri var. Bu formülü çözdüğüm anda çok zengin olacağım ve bu işleri bırakacağım. Zengin olabilmem için de elimdeki nakit paranın çok olması lazım. Öyle 3-5 dolarla bu işler olmaz. Keş on dı teybıl olması lazım! Formülü çözdüğüm anda kumarhaneleri bir bir batıracağım."

Elbette peşinde olduğu hayalin gerçekleşmesi neredeyse imkânsız. Ama Ertuğrul Baba hiç pes etmiyor. Sürekli "keş on dı teybıl"ın peşinde bir hayat... Nakit anlamında büyük bir sıkışıklık çekiyor. Gariban tiyatrocu maaşıyla zaten zor geçiniyor. O devirde dizi, film, dublaj gibi bir durum da yok... Hele Ankara'da hiç kolay değil. Carl Ebert'in opera rejisörü diye yetiştirdiği, aktörlük de yapan bir adam... Galalarda, resepsiyonlarda papyonu takıp sürekli ortamları kovalıyor. Bildiği yabancı diller sayesinde her ortamda kendini sevdiriyor. Türk operasının çok önemli bir sopranosuyla gönül bağı kuruyor.

"Sen bu ülkenin benzersiz bir orkidesi, dünya çapında büyük bir yıldızısın. Burada kalırsan, gariban operacı maa-

ERTUĞRUL İLGİN

şıyla anneanne olur, torunlarınla hayatını bitirirsin. Gel seni Avrupa'ya götüreyim, menajerin olayım, temsil başına iyi para kazanırız. Seni çok önemli operalarda sahneye çıkartırım. Şahane otellerde ve restaurantlarda layık olduğun prenses hayatını yaşatırım sana. Benimle bu hayat yolculuğuna var mısın kraliçem?"

Böyle cazip ve büyük bir hedefe yetenekli bir sanatçı hayır diyebilir mi? Hele bu teklifi yapan adamın kafasında şeytan tüyünden bir taç varsa... Aylarca Avrupa'nın büyük kentlerini dolaşıyorlar. Ertuğrul Baba söz verdiği gibi önemli temsillerde başrol oynatıyor. İyi para kazanıyor. İyi otellerde konaklama, lüks restaurantlarda havyarlar, şampanyalar... Tatlı diliyle şahane iltifatlar... Turnelerin genelde casinosu olan yerlere yapıldığını da belirtmekte fayda var. Ertuğrul Baba kendisine "keş on dı teybıl"ı sağlayacak kaynağı bulmuş nihayetinde. Ama kumarhanelerin daima geçerli olan altın kuralıyla tekrar yüzleşiyor: "Her zaman dükkân kazanır!"

"Senin uyuman lazım prensesim, sesin bizim tek servetimiz, ona iyi bakmalıyız. Sen şimdi uyu, ben de casinoda bir iki saat oyalanıp geliyorum..."

Kafayı rulette kırmızı-siyaha takmış bir adam, bir iki saatte oradan çıkar mı? Saatlerce süren maratonun sonucu yine hüsran... Elde avuçta para yok... Sürekli turne bağlama çabaları... Bazı yerlerde çok komik rakamlara temsiller... Nihayetinde bu hayata Ertuğrul Baba'nın en önemli nakit kaynağı isyan ediyor:

"Yeter artık! Bıktım ben, yüzünü görmek istemiyorum!"

Ertuğrul İlgin'i 80'li yılların ortalarında tanımıştım. Sağ olsun, beni çok severdi. Arada benden ufak tefek yalanlarla para tokatladığı da olurdu. Helali hoş olsun... Bana anlattıkları zaten bu kitabın ilk hikâyesi oldu...

Avrupa turneleri bitince tekrar Ankara'ya dönmüş. "Geçen zaman beni haklı çıkardı evladım," demişti, "ben ona dünya sahnelerini layık görmüştüm. O, torunlarıyla Ankara'da memur maaşlı soprano olarak emekli olmayı seçti. Yedirdim, içirdim, gezdirdim, büyükelçiler, bakanlar, resepsiyonlar, lüks oteller, pahalı kıyafetler, güller serdim ayaklarına... Ama o, bu hayatı elleriyle itti. Vizyon yok evladım, vizyon yooook! Hadi benim kumarıma taktın, beni istemiyorsun, anladık. Hazır Avrupa'ya ayak basmışsın, gidip kendine bir menajer bul, onunla devam et. Ama yoook! Küçükesat'ta torun sallayacak ayaklarında. Vizyon yoook çünkü!"

Turne organizatörlüğü biter de çareler hiç biter mi? Ertuğrul Baba yıllarca rulette kırmızı-siyahın sırrını kovalamış. Bu iki rengin gelişinde bir sihir var. Tam çözmeye yanaşıyor, şimdi koparacağım derken nakit bittiği için taca çıkıyor hep.

Aylar sonra opera binasına yanında iki üç kravatlı işadamı ve bir banka müdürüyle geliyor; provadan çıkmış opera, bale, tiyatro camiasına kısa bir brifing veriyor. Haber bomba gibi patlıyor. Sanatçılara İsviçre'nin Lugano Gölü kıyısında, dev bir ormanın içinde, kütük evlerden oluşan bir cennet vaat ediliyor. Kütük olduğu için çok çok pahalı değil, evlerin planları da herkese gösteriliyor. Nakit ödersen daha kârlısın. Param yok diyorsan sorun değil. Banka herkese yirmi dört aylık kredi verecek. Belli ki Ertuğrul Baba kumarı yine büyük oynuyor. Yanına iki uyanık yatırımcıyla bir de zavallı banka müdürünü almış "keş on dı teybıl" yolunda. Bu kez danayı kesmeye niyetli. Açılan hesaplara paralar yatmaya başlıyor. Altınlar bozduruluyor, arabayı satanlar var, emekli olunca orada yaşama düşleri kuranlar var. "Orayı kiraya verir, Didim'de yaşarız" diye düşünen var. Herkesin bir hayali var ama kimse Ertuğrul Baba'nın planlarını bilmiyor. Proje tanıtımında kullandığı banka müdürünü ve 2 uyanık yatırımcıyı resmen çırak çıkarıyor. Hesaptaki tüm Türk parasını çekiyor, dövize çeviriyor. "İsviçre'den gerekli izinleri alabilmem için sağlam nakitle gitmem lazım. Oranın bankasına parayı yatırınca ciddi olduğumuzu anlayacaklar," diyor. Ankara Esenboğa'dan kalkan uçak Zürih Havaalanı'na tekeri koyduğunda bu maceranın sonu ne olacak, Ertuğrul Baba da bilmiyor. Sonunda "keş on dı teybıl" diye diye sağlam bir nakit koymuş kenara. Şimdi kumarhanelere gidip intikam alma zamanı... Rulette, kırmızı-siyahta doğru hamleler yaparak yıllardır verdiği paraları çatır çatır söküp alma zamanı...

"Nasıl olsa kimsenin parasına çökecek değiliz. Parayı bulunca Ankara'ya dönüp herkesin parasını fazlasıyla vereceğim," diyor.

Şimdi bu hikâye bir film olsa, Ertuğrul Baba'nın şu son cümlesini duyduktan sonra sahneyi onun yüzünde karartıp bir sonraki sahneye "35 yıl sonra" diye başlamam lazım. Evet, tam 35 yıl ortalıktan kayboluyor. Arada kısa süreli İstanbul'a gelip gittiği haberleri geliyor ama hep kayboluyor ortadan. Hayatı boyunca hiç evlenmemiş, çoluk çocuk yok. İstanbul'da bir ablası var, yıllardır hiç görüşmüyorlar zaten. Kimse nerede olduğunu bilmiyor. Geride iyi niyetini kullanıp kenara attığı çok fazla insan, mahkemeler, davalar, mağdurlar, geçen yıllar,

yıllar içinde lanet olsun denerek atılmış, yakılmış dosyalar... Zaten 35 yıl geçince insanlar dünyanın bir yerinde ölmüştür diyerek Ertuğrul Baba'yı unutuyorlar.

Elinde sağlam nakitle kumarhaneleri kapamaya giden Ertuğrul Baba ne yazık ki o paraları da kısa sürede eritiyor. Her gittiği ülkede garsonluk, uşaklık, taksicilik yaparak ya da sağda solda sürünerek geçen tam 35 yıl...

Avusturya'da asil bir ailenin şatosunda altı ay kalıyor. Uşak olarak giriyor şatoya. Bakıyorlar ki adam dört dil konuşuyor; tiyatro, opera, klasik müzik, bilgi, kültür, görgü kuralları,

ERTUĞRUL ILGIN ADANA'DA YAKALANDI

ADANA, ÖZEL

Ankara Savcılığının hakkında dolandırıcılık, döviz kaçakçılığı ve çeşitli suçlardan gıyabi tevkif kararı aldığı Devlet Operası rejisörlerinden Ertuğrul Ilgın dün Adana'da yakalanmıştır. Cezaevinden kaçan casus Hamit Şendur'u arayan polis bir otelde casus yerine Ertuğrul Ilgın'ı yakalamıştır.

Hakkındaki gıyabi tevkif kararından haberi olmadığını söyleyen Ilgın, «4 Nisanda Almanya'dan vatana döndüm, hattâ Kültür Sarayının açılışında bulundum. Adana'ya dinlenmek için gelmiştim» demiştir.

Ertuğrul Ilgın polis nezaretinde Ankara'ya götürülmüştür

ILGIN'IN DURUŞMASI BAŞLADI

ANKARA, ÖZEL

Devlet Operası rejisörü Ertuğrul İlgin'in çeşitli bankalardan sahte senetler tanzim ederek para çektiği iddiası ile dün Üçüncü Ağır Ceza Mahkemesinde yargılanmasına başlanmıştır. Dinlenen tanıklar para çekmek için düzenlenen senetlerdeki imzaların kendilerine ait olmadığını, senetlerin kimler tarafından tanzim edildiğini bilmediklerini söylemişlerdir.

Ertuğrul İlgin, Üçüncü Ağır Ceza Mahkemesinde yapılan duruşmasına saat 10.00 da gayet şık bir giyimle ve neşeli bir şekilde gelmiştir. Duruşma saatinden çok önce salonun önüne gelen ve hepsi de tanınmış opera sanatçıları olan tanıkların ise İlgin'in aksine sinirli oldukları ve resim çekmek isteyen muhabirlere müdahale ettikleri görülmüştür.

Ertuğrul İlgin'in Türkiye'ye dönüşü ve yargılanma süreci basına da yansıyor, duruşmalardaki şıklığı ve neşeli hali muhabirlerin dikkatinden kaçmıyor. *Milliyet* gazetesinin 28 Nisan ve 6 Ağustos 1969 tarihli haberleri.

her şeyi biliyor. Asilzadelerin lise çağındaki oğlunun bir nevi yaşam koçu oluyor. Çocuğu hayata hazırlıyor, hem de ne hazırlamak... Her dilde küfür ve argo yanında çocuğa kumar da öğretmeye başlayınca Ertuğrul Baba'nın maaşına zam, işine son oluyor. Yıllar sonra bu olayı bana anlatırken, "Evladım, çocuğu zaten el bebek gül bebek yetiştirmişler, adam elma bile kesmemiş hayatında. Baktım çocuk ibne olacak, hiç olmazsa sokak ağzı öğrensin, kumarbaz olsun dedik. Şimdi daha mı iyi oldu yani?.." diyerek gülmüştü.

Avrupa'da yıllarca süregiden bu yerleşik olamayan düzenden çok bunalınca Ertuğrul Baba şansını Amerika'da denemeye karar veriyor. Tıpkı *Baba* filmindeki gibi, bir geminin üçüncü sınıf kamarasında fırsatlar ülkesine gidiyor. Sağda solda ufak tefek işleri kovalıyor ama durumdan hiç hoşnut değil. Sonunda büyük bir Arjantin steak restaurantına kapağı garson yamağı olarak atıyor. Günde iki ton et satılan, hep dolu, bir gecede yüzlerce insana hizmet veren büyük bir mekân... Yine şeytan tüyüyle sempati havası estiriyor, kendini belli ediyor hemen. Bakıyorlar ki adam tiyatrocu, her şeyi biliyor... Üstelik taş gibi yabancı dillere hâkim, servisi biliyor, karşılama, uğurlama, ne olursa olsun mükemmel çalışıyor, hızla yükseliyor. Son olarak restaurantın birinci şefinin yardımcısı oluyor. "Hayatımda en çok parayı orada kazandım," demişti. Müşterinin bıraktığı bahşiş kıdeme göre pay edildiği için maaştan daha fazla kazanmaya başlıyor.

Adamın hayatı hep kumarda parayı kovalamakla geçmiş. Para biriktirmek diye bir kavrama yabancı zaten. Fırsat buldukça yine kumarhaneleri ziyaretten vazgeçmiyor. Arjantin steak restaurantta birden kafadaki ampul aydınlanıyor. Özellikle hafta sonları müthiş bir talep oluyor. Birçok müşteriyi "Bugünlük etimiz bitti," diyerek geri çeviriyorlar. Mekân sahibinin katı prensipleri var. Günde iki ton etten fazlasını istemiyor. "Kalitemizden taviz yok," diyor. Ertuğrul Baba'ya kim engel olabilir ki! Restaurantın birinci şefini kafaya alıyor. Dükkân içinde dükkân çalıştırıyorlar, patronun ruhu duymuyor. Mutfağın arka kapısından kendi aldıkları etleri de satıyorlar müşteriye. Kasaya bakandan, mutfakta patates soyan yamağa kadar bir örgütlenme ki, filmlere konu olur.

Patron her gece kasadan gelen iki ton et satışının kazandırdığı parayı biliyor zaten. Oysa çalışan personel bazen 500, bazen 750 kilo daha et satıyor. Gece bitiminde saadet zinciri gibi herkes payını alıyor. Ertuğrul Baba bunu anlatırken ona demiştim ki, "Babacığım, adamları bu işe nasıl ikna ettin? Kimse kalkıp, 'Olmaz öyle şey' demedi mi?"

Cevap olarak Ertuğrul Baba'dan güzel bir hayat dersi aldım.

"Bak evlat, insanları bir biçimde ikna etmek istiyorsan paradan söz edeceksin, vaatlerde bulunacaksın. En küçük bir risk şüphesi olursa iş bozulur. Benim birinci şef Yunan asıllıydı, onunla kaynaşmamız çok çabuk oldu. Sonra dükkân içinde ikinci bir dükkân işletirsek ne kadar kazanacağımızı anlattım. Üstelik patronun ne parasını ne de etini çalıyoruz. 'Dükkândan milleti geri göndermek yerine para kazanacağız, ne var bunda?' dedim. Önceleri olur mu olmaz mı diye düşünüyordu. Sonra ABD dolarları balya halinde fırından yeni çıkmış gibi sıcacık göt cebine inmeye başlayınca kuşkusu kalmadı. Yine de işimi sağlama aldım. Saadet zincirimizden kim payını alıyorsa, hepsini kumarbaz yaptım, kumara bağımlı hale getirdim. İlk birkaç ay muhteşem geçti. Ama bir gün, Filipinli bulaşıkçılar dükkân içinde üçüncü dükkânı açmaya kalkışınca, önce patronun, sonra da hepimizin haberi oldu. Kovulacaklarını anlayınca bizi de ispiyonladılar patrona. Adam bir hafta içinde tazminatımızı verip hepimizi kapının önüne koydu. İnsaflı adammış vesselam."

Böylece bir "keş on dı teybıl" projesi daha hüsranla bitivermişti. Avrupa ve Amerika'da toplam 35 yıllık kaçış öyküsü nerede bitecekti acaba?

ABD rüyası hiç de umduğu gibi gitmiyor. Avrupa'ya dönmeyi deniyor. Yine sağda solda siftinerek geçen bir hayat... Bir türlü çözülemeyen kırmızı-siyahın şifresi... Sonunda, 35 yılın ardından Viyana Havaalanı'nda *Milliyet* muhabiri Ali Haydar Yurtsever'le tesadüfen karşılaşma... THY bilet kontuarının önünde yaşını başını almış, temiz giyimli, bej pardösülü, bir gözü pamuk bandajla kapalı (bu pamuk bandajı ilerde anlatacağım) tonton ve yorgun bir ihtiyar sesleniyor Ali Haydar

Yurtsever'e:

"Evladım bana yardımcı olur musun?"

Önce cüzdanından çok eski bir kimlik çıkarıyor. Üstünde oyuncu, rejisör yazıyor.

"Evladım, Viyana'da beni soydular. Metroda gelirken uyumuşum; cebimdeki tüm param, pasaportum, her şeyim gitti. Kalacak yerim yok. Açım, yorgunum, hastayım. Türkiye'ye döner dönmez sana paranı veririm. İlk işim pasaport çıkartmak olacak ama gece bir yerde kalmam lazım. Yardımcı ol evladım."

Ali Haydar Yurtsever inanıyor ve duruma çok üzülüyor. "Nasıl olsa 2 saat sonra uçakla Türkiye'ye döneceğim, babaya yardımcı olayım" diye düşünüyor. Cebindeki tüm paraları, markları, şilinleri veriyor; Ertuğrul Baba'yı teselli ediyor ve vedalaşıyorlar. Ancak bu ayrılık daimi olmuyor. 15-20 gün sonra aynı havaalanında tekrar karşılaşıyorlar. Ertuğrul Baba gazeteci Ali Haydar Yurtsever'i unutmuş, hiç hatırlamıyor. Havaalanında dönmek üzere olan Türk yolculardan aynı senaryo ile para istiyor. Yurtsever yaşadıklarını *Milliyet*'te yazınca, "Ertuğrul İlgin ölmemiş miydi?", "Yahu yaşıyormuş adam!", "Viyana'da ortaya çıktı!" diye müthiş bir dalgalanma yaşanıyor sahne kulislerinde.

35 yıllık kaçış hüsranla bittikten sonra sessiz sedasız Türkiye'ye geliyor. Cepte kuruş yok, kalacak yer yok. Çaresiz,

75 yaşından sonra ablasının evine yerleşiyor. İstanbul Devlet Tiyatrosu ve Operası'nın kapısına dayanıyor. "Başıma ölmekten de beter haller geldi. Oyunlarda figüranlık ya da bir iki repliklik rollere razıyım. Yeter ki alacağım oyun başı yevmiyelerle hayatta kalayım evladım, bana yardım edin," diyor. Böylece bizim kuşak da Ertuğrul Baba'yla tanışma şerefine nail oluyor.

Ertuğrul Baba sahnelediğimiz bazı oyunlarda yaşına başına uygun küçük rollerde oynadı. Rol ne kadar küçük olursa olsun, her rolü büyütürdü Ertuğrul Baba. İki cümleyi iki paragraf yapardı. Yazardı da yazardı. Oynarken bu haline gülmekten geberirdik. Bazı kalabalık sahnelerde ister ayakta olsun ister otursun seyirciye çaktırmadan ufak ufak uyur, tam yeri gelince hemen uyanırdı. "Ya bir gün uyanmazsa" diye düşünür, yorumlar yapardık ama çok uyanık adamdı vesselam. Oyun bitiminde seyirciye selam verdiğimiz anlarda da çok komikti. Zorla, kanırtarak, yalvararak başrol oyuncusundan bile fazla alkış almayı becerirdi. Ortaya gelip eğilir, selam verip kenara çekilecek sanırsın ama hayır... Kollarını büyük büyük açar, tüm seyirciyi bağrına basar, eğilir kalkar, eğilir kalkar... Sonra balkondaki seyircileri yavaş yavaş takdis eder. Tam selamı bitti derken... Birden step dansı yapmaya başlardı. Oyunla hiç ilgisi olmadığı halde insanlar bu ihtiyar delikanlının performansını alkışlarla ödüllendirirdi. Ama onun selamı daha bitmezdi. Galiba artık bir şey yapmaz dediğimiz anda, step dansından kısa bir potpuri ve ardından nereye, nasıl sakladığını hiç bilmediğimiz bir fayton kornası. Selamın sonunda "Vort! Vort! Vort!" diye basar ve yerine geçerdi nihayet. "Evladım, selam da oyunun bir parçasıdır. Bu fırsatı değerlendirin," diye tavsiyelerde bulunurdu ihtiyar kurt.

Ertuğrul Baba'yla bazı oyunlarda birlikte oynadık, turneler yaptık. Her zaman dikkatimizi çeken enteresan bir adamdı. Bazen AKM kafeteryasına gelirdi, elinde torba ve kutularla.

"Evlat, çabuk 50 TL ver, sana müthiş bir boğaz pastili getirttim."

"Evlat, 100 TL ver, çift deste oyun kâğıdı var. Bu kaliteyi, bu paraya bulamazsın."

"Evlat, ablamı ameliyat ettirdim, hastaneden çıkarmam için para lazım."

Sürekli ufak tefek yalanlarla bir şeyler satma ya da borç adı altında para istemeler... Artık o hale gelmişti ki; neden, niçin sorgulamadan elimizden geldiğince veriyorduk zaten.

Bu yaşlı başlı adam devamlı, "Bana rol verin. Bana para verin. Benim para kazanmam lazım" dedikçe, bilmeyenler hemen yorum yapardı:

"Galiba genç bir sevgilisi var, para yetiştiremiyor."

Oysa Ertuğrul Baba'nın hayatında tek bir sevgilisi vardı: rulete, kırmızı-siyaha (ya da kırmızı-siyahlı kadına) olan tutkusu.

O yıllarda Türkiye'de casinolar açıktı. Hemen her otelin casinosu vardı zaten. Ertuğrul Baba oyunlardan aldığı ve bize pazarladığı mallardan gelen parayla hemen casinolara dalıyor, yine kırmızı-siyahın peşinde koşturuyordu. Bir sabah erken saatte onu Taksim'de görmüştüm. Elleri pardösüsünün ceplerinde ve sağ gözü bandajlı dolaşıyordu. "Babacığım günaydın, ne yapıyorsun sabah sabah?" dedim. "Evlat, casinodan çıktım, biraz hava alıyorum," diye karşılık verdi. Gözündeki bandaja işaret edip sordum:

"Geçmiş olsun, ne oldu gözüne?"

Bir anda sağ gözündeki bandajı sola aldı.

"Gözlerimi sırayla dinlendiriyorum, belli bir saatten sonra göz yoruluyor, flu görüyorum. Sırayla bandajlayıp dinlendiriyorum," deyip yine Taksim'deki otelin casinosuna doğru gitti ve kayboldu.

Tiyatroda neşeli olan grup hangisiyse, ona yakın olmayı ve onlarla aynı kuliste soyunup giyinmeyi severdi. Bir gün yanımızda soyunurken dikkatimi çekti. Anadolu'da "tuman" denilen cinsten koca bir donu vardı, paçaları çok geniş ve rahattı. "Babacığım gerçekten böyle tuman görmedik," dedim, "oldukça iddialısın galiba..." Kuliste hepimizi yıkıp geçirdi. "Yok be evladım, ne iddiası... İnsan yaşlanınca, özellikle erkeklerde göt tepsi gibi dümdüz olur. Taşaklar dizlere kadar iner, o yüzden daha rahat don giymek hoşuma gidiyor. Ama sizin gibi hergelelerin aklından geçeni de elbette okuyorum. Ertuğrul Abiniz'de ereksiyon var mı yok mu, onu merak ediyorsunuz değil mi?" dedi gülerek. "Evet babacığım, merak ediyoruz, aydınlat bizi," dedik. Oturduğu yerden koca donunun lastiğini gevşetti, içeriye baktı, baktı... "Ulan benden önce öldün ya... Senin de ananı sikeyim!" deyiverdi. Yıkıldık, yerlerdeyiz...

Oynadığımız oyunun Kıbrıs'a turnesi çıktı bir zaman sonra. Gidiyor geliyor, "Evlat, Kıbrıs'a hangi gün, saat kaçta gidiyoruz? Turne ne kadar sürecek? Öğren şunu."

Sonunda niyetini belli etti. Oyunlardan aldığı yevmiyelerle biraz birikimi varmış. Viyana'ya rulet oynamaya gidecek, kafayı ona takmış.

"Kıbrıs uçağı sabah erken olduğuna göre... Aynı gece sabaha karşı Viyana'dan gelirim, hiç eve uğramadan beraber Kıbrıs'a gideriz. Ama senden bir ricam daha olacak. Şimdi sana bir telefon numarası vereceğim, gece 9-10 gibi bu numarayı arayıp ablamla konuşmanı istiyorum. Diyeceksin ki, TRT'den bir dizi için aradım, Çorum'da iki hafta çekimi var."

"Babacığım tamam arayayım da bu yalana ne gerek var?"

"Evladım, ben Viyana'ya, oradan da Kıbrıs'a geçiyorum dersem ablamın çocukları benim anamı beller. Çikolata getir, içki getir, falanca parfümden al... Ben oraya kumara gidiyorum. Böyle dangalaklara ayıracak zamanım yok. Beni Çorum'da çekimde diye bilirlerse rahat ederim evladım. En fazla Çorum leblebisi alırım bakkaldan. Anladın mı şimdi?"

"Vaaay" dedim, ihtiyar kurda bak sen, neleri düşünüyor... Bir süre ortalıktan kaybolunca herkes merak etmeye başladı, "Kıbrıs'a turnemiz var, inşallah gelir." "Gelir gelir," diyorum, kimseye de çaktırmıyorum, Ertuğrul Baba'ya söz vermişiz.

Turne günü sabah erkenden Atatürk Havaalanı'na geldik. İçerde biraz dolaşınca Ertuğrul Baba'yı gördüm. Bir kafede oturmuş, yine gözünün birinde bandaj, yarı uykulu etrafa bakıyordu. Beni görünce pek sevindi. "Evlat, al bunlar senin," diyerek bir kutu çikolata ve bir şişe viski verdi bana. "Babacığım niye zahmet ettin, ne gerek vardı..." dedim. "Kazanmasaydım valla almazdım. Bu defa şansım yaver gitti. Kazandığım şilinleri dolara çevirttim. Bak burada 4000 dolardan fazla para var," dedi. Paraları gazete kâğıdına sarmış, yara bandıyla da sağlamlamıştı. Sonra bir süre durdu, paraları bana verdi.

"Bak evlat, ben yaşlı başlı adamım. Bir yerde uyuyakalırım ya da cebimden çekip çalarlar. Al bu paralar sende dursun, Kıbrıs'ta bana verirsin, ben odada kasaya koyarım."

Bir saatlik uçuştan sonra otobüse bindik ve Salamis Bay Hotel'de odalarımıza çekildik. Resepsiyondan oda numarasını öğrendim, yanına gittim. Almanca sayfalardan paket yapılmış parasını verdim. "İçini açıp bakmadın mı?" dedi. "Niye açayım babacığım, sen zaten 4000 dolardan fazla olduğunu söylemiştin." Güldü, "Ulan seni çeşmenin başına oturttuk, insan bir tas doldurur be..." dedi. Aynı elli sene önce Raik Hoca'ya söylediği gibi...

Akşam yemeği için Girne Limanı'nda bir yer ayarlamıştık. Bütün ekip oraya gittik. Babayı masada başköşeye oturttuk. Yedik içtik, hesabı istedik. Garson geldi, "Hesap ödendi efendim," dedi. "Aaaaa! Nasıl olur ya?" İş daha sonra ortaya çıktı. Ertuğrul Baba tüm ekibin hesabını ödemişti. "Yahu mahcup ettin, biz seni ağırlamalıydık," dedik ama kestirip attı hemen, "Tamam yahu uzatmayın, alt tarafı bir yemek! Siz babayı çulsuz mu sanıyorsunuz! Allah'a şükür paramız var." Cümle sonunda da bana ince bir bakış attı, "Aman 4000 dolardan kimseye bahsetme sakın" der gibi...

Kıbrıs turnesinden döndükten sonra hayatında peş peşe olumlu şeyler olmaya başladı. Yine bir sabah Taksim The Marmara'nın önünde volta atarken bir kalabalık görüyor, siyah makam arabaları, polis eskortları vs. Soruyor hemen, ne oluyor, kim için bu koşuşturma? "TBMM Başkanı Hüsamettin Cindoruk otelden çıkıyor, onu bekliyoruz," diyorlar. "Neee! Hüsam benim gençlik arkadaşım," diyor ve çıkarken karşılaşmak için fırsat kolluyor. Sonunda karşısına çıkıyor. "Hüsam beni tanıdın mı, Ben Ertuğrul," diyor. Karşıdan gelen ilk tepki çok doğal:

"Aaaaa sen yaşıyor musun! Biz öldün sanıyorduk yahu!"

İki gençlik arkadaşı sarmaş dolaş oluyor. Ertuğrul Baba durumunu anlatıyor kısaca:

"Ölmedim ama daha beter bir hayat yaşıyorum. Yaş 75 oldu, hâlâ ablamla aynı evdeyim. Kalacak yerim yurdum yok."

Hüsamettin Cindoruk yanındakilere talimat veriyor:

"Ertuğrul Bey'in rahat edeceği bir yere yerleştirilmesini sağlayın."

Kısa süre sonra Korukent'te çok lüks bir huzurevine yerleştiriyorlar. Kendine ait, televizyonlu, banyolu, otel odası gibi koca odası oluyor. Yemek önüne geliyor, düzenli sağlık kontrolü yapılıyor, çamaşırları ütülü, pırıl pırıl... Daha ne olsun ki? Konusu açılınca her fırsatta, "Allah razı olsun Hüsam'dan, sayesinde huzura erdim," diyerek teşekkürü hiç ihmal etmiyordu.

Aylar sonra Ankara'ya turneye gideceğiz, turne otobüsüne doluştuk. Aaaa bir baktık Ertuğrul Baba'nın yanında kendi yaşlarında bir kadın var! Gençliğinde çok güzel olduğu belli bir kadın. Bakımlı saçları, tırnakları, yemyeşil gözleri olan zarif bir hanımefendi.

Hepimizi tek tek üşenmeden tanıştırdı ve "İşte hayatım boyunca beklediğim kadın, ömrümde kimseyle evlenmedim ama 75 yaşımda aradığım aşkı huzurevinde bulmak varmış. Aşkımla turne dönüşü evleniyoruz, haberiniz olsun," dedi.

Gencecik âşıklar gibi el ele, göz göze, diz dize oldular turne boyunca. Hepimiz mutluluklarına gıpta ettik. "Helal olsun size," dedik. Sonra sezon bitti, tiyatrolar tatil oldu. Ardından yaz tatili dönüşü bomba haberi aldık. Evlenmişler... Ertuğrul

Baba'nın zarif eşinin üç çocuğu varmış. Rahmetli kocasından kalan üç daireyi otursunlar diye çocuklarına kıyak yaparak veriyor. Tapular yengemizde ama kira geliri yok haliyle. Ertuğrul Baba başlıyor sevgili eşine anlatmaya ve ince ince çalışmaya:

"Yahu bunlar hayırsız evlat. Sen kira bile istemeden evleri bunlara açmışsın, üç evlat sırayla analarını evde misafir edemiyor, huzurevine atıyor. Yarın ölüyorum desen hastaneye bile gelmez bunlar. Bu evleri sat karıcığım. Parayı dövize çevirelim. Bana bir hafta müsaade et. Hayatım boyunca rulet, kırmızı-siyah denklemini çözmeye uğraştım. Formülü buldum. Nakit param olursa sağlam bir tokatla bu işleri bırakıyorum. Seninle bundan sonraki hayatımızı Tokyo'da yaşayacağız. Artık ömrümüzün son yıllarında bize geyşalar hizmet etmeli. İkimiz de bunu hak ediyoruz."

Günlerce anlatıyor da anlatıyor. Rulet... Kırmızı-siyah... Keş on dı teybıl... Japonya... Tokyo... Geyşalar... Sağlık, mutluluk, huzur... Sonunda eşi ikna oluyor ve "Ben evleri satıyorum," diyerek evlatlara ültimatomu veriyor.

Çocuklar annedeki bu değişikliğe önce çok şaşırıyor, sonra da yeni kocasının yönlendirmesiyle evleri satacağını anlıyor. Kıyamet kopuyor.

Evlatlar anaya yüklendikçe, Ertuğrul Baba Malkoçoğlu gibi savunuyor. Hem aradığı aşkı bulmuş hem de ömrünün son periyodunda "keş on dı teybıl" için müthiş bir nakit yaratma şansı yakalamış. Hiç bırakır mı...

Çocuklar mahkemeye başvuruyor. "Annemiz yaşlı, akli melekelerini kaybetmiş, yeni evlendiği kocasının etkisinde kalıyor. Evleri satamaz," diye atak yapıyorlar.

İhtiyar kurt profesyonel bir kumarbaz, hemen resti görüyor.

"Altı ay önce evlenirken akli melekeleri yerinde oluyor da şahsına ait evleri satarken mi kafası yerinde olmuyor?"

Neticesinde Ertuğrul Baba son şansını yakalıyor. Alınan paralar dövize dönüştürülüyor. Tokyo'da ev ilanları ve geyşa piyasası araştırılıyor. Bir hafta sonra Tokyo'ya ebediyen yerleşmek üzere sözleşiyorlar.

Ve gidiyor...

Daha ilk haftasında iki üç farklı casinoda şansını deniyor ve büyük koparıyorlar, Âdem Baba gibi ortalıkta kalıyor. Artık İstanbul'a dönmesi gerekiyor ama çok sağlam bir yalan ve bahane bulması lazım. Yıkılmış, perişan bir halde dönüyor. Belki de hayalinde böyle bir sonu sahneye koymuş olmalı ki... Nice badirelerden geçmiş, görmüş, yaşamış bu adam filmin sonunda kendini ölüme yatırıyor ve on beş gün içinde ölüyor.

"İnan bana karıcığım, bu hayatta her şeyi ikimiz için yaptım. Sadece buna inan. Affetmesen de olur..."

Onu tanıyanlar öldüğünü, aynen onun istediği biçimde gazeteden öğrendiler. Yarım kibrit kutusu kadar bir yerde yazıyordu:

“Ben Ertuğrul İlgin. Öldüm, gidiyorum, kalanlara selam olsun.”

Bir turne akşamında hepimize vasiyette bulunmuştu:

“Oğlum, ben öldükten sonra asla tören falan yapmayın, yapana da izin vermeyin. Beni gasilhaneden alacaklar. Götüme pamuk tıkanmış, kafirun sürülmüş, mis gibi kundaklanmışım. Götürün, cenaze namazımı kılıp defnedin, tek istediğim bu. Tabutu sahneye koymalar, etrafta çiçekler, çelenkler, kürsüye çıkıp fırsat bu fırsat diye dakikalarca konuşmalar... Öyle şeyler istemem. Sevenler de var, sevmeyenler de. Biliyorum, arada saatine bakanlar olacak. ‘Ulan dublaja geç kalıyorum, sette beni bekliyorlar’ diyen olacak. Bunun yağmuru var, çamuru var, soğuğu var, sıcağı var... Arkamdan ‘Ulan tam da ölecek günü buldun’ demelerini istemem. Ablamın çocukları biliyor. Sizden de öyle istiyorum. Öldükten sonra kimseye haber vermeden defnedin. Anadol pikabın arkasında bile giderim. Defnettikten sonra küçük bir ilan verin gazeteye, yeter de artar bile. Mezar taşımız olmasa da olur...”

FİKRET HAKAN

FİKRET ABİ

Yıllar önce *Umut* filminin oyuncu kadrosunda yer almıştık Fikret Hakan'la... Filmde birlikte oynadığımız sahne yoktu. Sadece İstanbul ve Anadolu'daki bazı gösterimlerde beraber olduk. Ender bulduğumuz boşluklarda sohbet etme fırsatımız oldu. Fikret Abi meslek büyüğümüzdü. Tiyatro kökenli bir oyuncuydu ve oradan sinemaya geçmişti. Gençlik yıllarında kendini kabul ettirmiş, Yeşilçam'ın jönlerinin arasına girmeyi başarmıştı. Dolayısıyla tiyatro ve sinemaya dair çok şey bilen bir adamdı. Hakkını teslim etmek lazım; sığ değildi, oldukça bilgili ve donanımlı bir oyuncuydu. Yeşilçam'daki seks filmleri paspallığının yaşandığı dönemde asla o girdaba kapılmamış ve tiyatroya dönmüştü. "Bunca yıl ilmek ilmek dokuduğum oyunculuk kariyerimi, üç kuruş para için seyirciye kıçımı başımı sergileyerek heba edemezdim," demişti.

Oyunculuk mesleğini seçerken ailesinden çok destek görmüştü. Babası çok iyi Rusça bilen bir edebiyat öğretmeniydi. Dedesi Rusya'dan geldiği için onun sayesinde öğrenmişti. Çehov'dan çeviri yapabilecek kadar iyi Rusça bilirmiş babası.

Fikret Abi de bir dönem gazetecilik yapmış, şiir ve öykü kitapları olan bir oyuncuydu. Türk şiirinde Baylancılar denen gruptaki şairlerdenmiş. Baylan Pastanesi'nde toplandıkları için onlara Baylancılar diyorlarmış. Babası Galatasaray Lisesi'ne tayin olunca hayatının sonraki döneminde hep İstanbul'da kalmışlar. Yazarlığın karın doyurmadığını görünce oyunculuğa kafayı takmış. O dönem Yeşilçam'ın starlarının arasından kafayı uzatıp, "Bu yarışta ben de varım" demek kolay iş değil. Ama o bunu başarmıştı. Tiyatro ise bir tutkuydu onun için. "Ben tiyatroyu kendi becerilerimi sınamak ve geliştirmek için yapıyorum. Her akşam yeniden sınava giriyorum. Onun verdiği hazzı başka bir yerde bulamam. Ne para kazanması, tiyatroda oynamak için üste para veririm," demişti.

Yeşilçam'ın düştüğü seks filmleri batağından çıkışını beklemek yerine o dönemde tiyatroda *Zorba*'yı oynamaya başlamıştı. Onunla beraber tiyatro yapan bir arkadaşım anlatmıştı. Yalova'ya turneye gidiyorlar. Oynayacakları salona arka kapıdan dekorları sokuyorlarmış. Işık ve ses provası yapılıyor sahnede. Fakat tiyatro arka kapısıyla komşu, sebze meyve nakliyeciliği yapan şamatacı bir şirket var. Prova sırasında muavinlerin, sebzecilerin ve kamyoncuların sesi duyuluyor boyuna.

"Gel gel gel... Hooopp! Sağ yap... Sol yap... Hoopp!.."

Oyun başlamadan önce Fikret Hakan adamların yanına gidip rica ediyor.

"Arkadaşlar akşam burada iki saat oyunumuz var. Sesiniz salonda yankılanıyor. Akşam bu şamata olmasın."

"Aaa Fikret Abim, emrin olur. Akşam çıt çıkmaz, sen rahat ol, üzme kendini," diyorlar.

Akşam oyun oynanmaya başlıyor. Başlangıçta her şey güzel güzel giderken, salonun arka sahne kapısından içeriye yine korkunç bir şamata doluyor.

"Hoop!.. Gel, gel, geeelll... Sağ yap, sağ yaapp... Hooopp!"

Artık bağırtı çağırtı o kadar yoğunlaşıyor ki... Oynayanlarda oynayacak heves, izleyicide oyuna tahammül edecek nefes kalmıyor. Tam da *Zorba*'nın en güzel tiradında Fikret Abim kaptırmış giderken muavinlerin ve değnekçilerin sesi cayır cayır yükseliyor. Fikret Abim birden tiradı kesiyor ve seyirciye dönüyor.

"Şimdi Zorba arkaya gidiyor ve bu terbiyesizlere haddini bildirip geliyor!"

Herkesin şaşkın bakışları altında sahneyi terk ediyor. Arka kulis kapısını açıp, Zorba kostümüyle kendini dışarı atıyor. Sebze meyve yüklenen yere koşuyor ve önüne gelene sille tokat dalıyor.

"Ulan ben size çıt çıkmayacak, akşam burada tiyatro oyunu var demedim mi!"

Normalde büyük mevzu çıkması gerekirken, "Affedersin abi," diyorlar, özür dileyip, elini öpüp, Zorba'yı tekrar sahneye gönderiyorlar. Seyirci de 10 dakikadır Zorba'nın dönmesini bekliyor. Sahneye çıkıyor, "Gereken ciddiyeti ve sükûneti sağladım, şimdi *Zorba* kaldığı yerden devam ediyor," diyor. Müthiş bir alkışla oyunu sağ salim bitiriyorlar.

Öztürk Serengil yıllar önce bir dost meclisinde şöyle demişti:

"Ben hayatımda ailemden hiç sevgi görmedim, hep hakaret ve dayak hatırlarım. Benim hayatımda bir tane babam oldu. Onun adı da Fikret Hakan'dır."

Suphi Kaner'le beraber çömez oldukları dönemde, Fikret Hakan müthiş popüler ve hızla zirveye çıkan bir aktörmüş. Bir film setinde o kadar adam arasından Öztürk Serengil ve Suphi Kaner'i görüyor, yanlarına gidiyor, başlıyorlar sohbet etmeye. Soruyor:

"Ev bark, çoluk çocuk nerede oturuyorsunuz?"

Ne desinler? Zaten ev bark yok, üç kuruş cepte para varsa bekâr odalarında, o da yoksa yapım şirketlerinin koltuklarında uyuyorlar. Durumu anlatıyorlar. Fikret Hakan üzülüyor.

"Olur mu ulan öyle şey, yürüyün bize gidiyoruz."

Fikret Hakan'ın evine gidiyorlar, annesiyle beraber yaşıyor o yıllarda. Anasına, "Bak bu arkadaşlarım artık bizde kalacak. Bunlar da senin evladın," diyor. Valide Hanım bunlara ayrı bir oda hazırlıyor. Yatakları yapılıyor, çamaşırları yıkanıyor, ütüleniyor, kolalanıyor. Sabah kahvaltı, akşam sıcak yemek...

ÖZTÜRK SERENGİL VE FİKRET HAKAN

Anası Fikret Abim'e çamaşır, çorap, gömlek, ne alıyorsa onlara da alıyor. Fikret Abim, "Kardeşlerim hep temiz pak olun, asla tıraşsız gezmeyin, istediğiniz bir şey olursa benim gardıroptan alıp giyin. Sakın çekinmeyin, utanmayın," diyor. Bir yaz başında uzun bir süreliğine İngiltere'ye gitmeye karar veriyor, "Ben bir ay yokum, anam size emanet," diyor. İngiltere'de tiyatrolara, operalara, müzikallere gidiyor. Canlı müzik yapılan yerleri, kulüpleri, diskoları da dolaşıyor tabii. İngiltere dönüşünde evde heyecanla soruyorlar:

"Abi yediğin içtiğin senin olsun, neler gördün, anlat."

Fikret Abim de oyunları, müzikalleri, ne gördüyse ballandıra ballandıra anlatıyor. "Şimdi size bir şey dinleteceğim," diyor.

İngiltere'den getirdiği küçük hediyeleri verdikten sonra bavulundan bir plak çıkarıp pikaba koyuyor. Başlıyor müzik eşliğinde dans etmeye... O devirde Twist modası başlamış, hızla yayılıyor. "Oğlum, özellikle müzikte tüm başlangıçlar Britanya'dan çıkar, oradan tüm dünyaya yayılır. Bu Twist modası da tüm dünyayı sarsacak," diyor. Öztürk Serengil ve Suphi Kaner, Fikret Abim Twist yaptıkça gülmekten yerlere atıyor kendini.

"Abi yanlış anlama ama senin gibi yükselen ve aranan bir jönün böyle dans ederken götünü başını değirmen taşı gibi çevirmesi komik geldi. Ne olur kusura bakma ama millet bunu yanlış anlamasın sonra?"

Fikret Abi biraz düşünüyor ve onlara hak veriyor. "Doğru, haklısınız. Bu dansı sana öğreteyim Öztürk, çok yakışır. Bir komedi filminde yap bunu, herkes bayılır," diyor. Evde pikaba plağı yerleştirip devamlı çalışıyorlar. Öztürk Serengil götünü başını değirmen taşı gibi çeviriyor, zargana gibi kıvrak figürler yapıyor. Şarkı sözlerini bilmiyor, zaten ezberlemesi imkânsız. Kafadan uyduruyorlar.

"Abidik gubidik twist twist, lap lap lubalaga twist twist..."

Yakaladığı ilk fırsatta Twist dansını filmde patlatıyor. Bir anda bütün Türkiye, "Abidik gubidik twist" diyerek dans etmeye başlıyor. Öztürk Serengil hızla zirveye çıkıyor. En çok aranan ve en çok kazanan aktör oluyor bir anda.

“Fikret Abim benim koluma altın bilezik taktı. Bana zirve yolunu açtı. Benim abim ve babamdır. Unutamam yaptıklarını, insanlığını. Ona ve anasına hep minnet duydum,” demişti Öztürk Serengil.

Fikret Hakan uzun bir süre hastalık çekti, akciğer kanseri tedavisi görmüştü. O dönem insan içine çıkmak istemedi. Ölmeden önce küçük bir söyleşi yapmışlardı. Son sözü “Vatana ve Ata’ya ihanet etmeyin. Onlara sahip çıkın” olmuştu.

Mekânın cennet olsun Fikret Hakan...

Çok kıymetli rollerde oynayıp görevini yapmıştın zaten...

Hoşça kal Bumin Gaffar Çıtanak...

KAMRAN USLUER, TARKAN-ALTIN MADALYON
FİLMİNDE KARTAL TİBET İLE

HUN İMPARATORU ATTİLA NASIL MÜSLÜMAN OLDU?

Yavuz Turgul'un efsane filmi *Eşkıya*'yı hatırlarsınız... Peki Şener Şen'in canlandırdığı Baran'ın Berfo'yla efsane hesaplaşmasını? "Hayatın sevda karşısında ne önemi var?" ne güzel replikti değil mi? Ve şu ne güzel bir sahneydi:

"Ben bunları yaptım, çünkü âşıktım ben. Yani vurulmuştum. Ölüyordum aşkımdan. Bunun üzerine kim bana ne diyebilir ha? İhanet mi, aşkım için yaptım ulan! Ahlaksızlık mı, evet yaptım. Ben en yakın arkadaşımı, seni jandarmaya ihbar etmiş adamım. Sen yapabilir miydin benim yaptığımı ha? En sevgili arkadaşına ihanet edebilir miydin? Onu jandarmaya ihbar edebilir miydin? Arkadaşının altınlarını çalabilir miydin? O altınlarla arkadaşının sevdiği kadını anasından babasından satın alabilir miydin? Arkadaşını ölüme gönderebilir miydin? Ama ben yaptım. Aşkım için! Şimdi söyle bana. Hangimizin aşkı Keje'ye daha büyük ha? Hangimiz Keje için bu kadar günaha girmeyi göze alabildi? Bu aşk için ben cehennemde yanmaya hazırım. Ya sen?"

KAMRAN USLUER

Büyük oyuncu Şener Şen'in karşısında oynayan Kamran Usluer de büyük bir oyuncuydu. Otuz beş yıllık sanat hayatında sinema filmlerine, TV dizilerine, tiyatro oyunlarına ve birbirinden güzel dublajlara imza atmıştı. Kamran Usluer'in muhteşem bir sesi ve çok güzel fiziği vardı. Genç kuşak belki onu hatırlamayacak. "Berfo'yu kim oynamış?" dediklerinde karşılarına çıkan o büyük oyuncunun Kamran Usluer olduğunu belki yeni öğrenecekler.

Kamran Usluer'le hayatımda iki defa çalışma şerefine erdim. Uğur Yücel'in dizisi *Aziz Ahmet*'te tanışmıştık. *Salkım Hanım'ın Taneleri*'nde Halit Bey'i oynamıştı, o vesileyle tekrar buluştuk büyük ustayla. Çok çalışkan bir oyuncuydu. Önceden dersine çalışır, işini hiç şansa bırakmazdı. Kamran Abi çok disiplinliydi, planlı programlı çalışmayı çok severdi. Film setlerinde, dublaj koridorlarında, tiyatro kulislerinde boş boş oturmazdı. "İnsan ömrünün üçte biri beklemekle geçiyor. Bize de zaten oyunculuğumuz için değil, beklediğimiz bu anlar için para veriyorlar," derdi.

Çok enteresan bir adamdı Kamran Usluer. Elinde tığ, şiş, kanaviçe, ipler ve yünlerle oturur; numaralı gözlüklerini takıp dizinin üstüne koyduğu modelin aynısını işlemeye çalışırdı. Hepsi birbirinden güzel dantel peçeteler, sehpa örtüleri yapardı. "Beni çok rahatlatıyor, böylece sigara içmek aklıma bile gelmiyor," derdi. *Salkım Hanım'ın Taneleri* filminin çekimlerinde üç hafta Büyükada'da çalıştık. Haftalık çalışma programını saati saatine bilmek isterdi. Boş bulduğu zamanlarda adadan İstanbul'a iner, sonra çekim saatinde gelir, hazır ve nazır olurdu.

Büyükada'da kaldığımız otele gelirdik çekimden sonra. Sette ya da otel fuayesinde sohbet ederdik ama rakılı uzun sohbetlere gelmezdi Kamran Usluer. Kendi masasını otel odasında hazırlar, sadece iki duble rakı içerdi, o kadar. O iki duble rakı için öyle görkemli bir masa yapılırdı ki, inanamazdınız. Sanki dört kişilik özel bir yemekmiş gibi özen gösterirdi. Plastik veya melamin tabak, plastik çatal, bıçak ve dibi kalın limonata bardağından nefret ederdi. İstanbul dışına, deplasmana çıktığında hep iki çantası olurdu yanında. Birinde şahsi eşyaları, diğer bavulda ise keyifle içeceği iki duble rakı için gerekli olan her şey bulunurdu. Porselen tabaklar, zarif çatal, bıçak, kaşıklar... Rakıyı soğuk tutsun diye ehli keyf, ince kenarlı rakı bardakları, buz kovası, tuzluk, karabiber, baharatlar... Tüm mezeleri de çantada getirirdi. Lakerdayı Beyoğlu'ndan, taramayı Kurtuluş'tan, turşuyu Cihangir'den, süzme yoğurtla beyaz peyniri Kadıköy'den tedarik ederdi. Hiç üşenmeden, hep aynı yerlerden alırdı. Otel odasında kurduğu masanın beyaz örtüsünü bile yanında taşırdı. "Benim için iki duble rakı içmek en büyük keyif. Olur olmadık mezelerle, olur olmadık mekânlarda, olur olmadık adamlarla bu zevkimi heba edemem," derdi.

Sette çalışırken zaman zaman güzel sohbetine bırakırdık kendimizi. Bir keresinde, "Tekrar dünyaya gelsen yine bu mesleği seçer miydin?" diye sorduk. "Evet, tabii ki oyuncu olmayı seçerdim ama bu ülkede değil," diye cevaplamıştı. "Bizim mesleğimizi yapanlar başka ülkelerde hep itibarlı insanlardır ve saygı görürler. Yaşlandıklarında kimsesiz ölmek gibi bir korkuları yoktur. Devlet onlara sahip çıkar, kimsesi yoksa ömrünün sonuna kadar sanatçıların sağlık ve barınma da dahil her ihtiyacını karşılar. Bizde öyle mi? Öldükten sonra kıymet veriyorlar," demişti.

Hoşsohbet, lafını dinleten, kendini özleten, zarif bir adamdı Kamran Usluer. 1972 yılında *Tarkan-Altın Madalyon* filminde

Hun İmparatoru Attila'yı oynamış. Çadırdan çıkıp güzel bir ata binmesi, "Hadi aslanlarım, sefere çıkıyoruz," demesi lazım. "Ben hayatta ata binemem," demiş. Yıllar önce Anadolu'da bir film çekiminde ata binmesi gerekiyor. Hayvana alışsın diye iki üç gün çalıştırmışlar. Bakmışlar ki tamam, hayvanla uyumu da gayet iyi. Çekim esnasında her şey yolunda giderken at bir şeyden ürkmüş, iki ayağının üstünde şahlanıp, Kamran Abi'yi taşın üstüne sırtüstü atmış. Neredeyse beli kırılıyormuş, o derece yani. Aylarca bunun sancılarını çekmiş, ilaçlar, korseler, doktorlar... "Ölmediğime şükrediyorum, yönetmene de söyleyin, ben at sahnesinde yokum! Nasıl çekecekseniz çekin!" demiş. Haydaa... O kadar insan toplanmış, dünya masraf yapılmış, nasıl olacak bu iş?.. Eğer birileri yarım saat sonra "Hava gidiyor beyler!.." derse ne olacak? Hemen Kamran Abi'yi rahatlatacak formülü buluyorlar.

"Seni atın üstüne Hun İmparatoru Attila olarak oturtacaklar. Hayvanın boyun altından uzun bir ip bağlayacaklar. Atın sahibi kadrajın dışında bırakılacak. Kamera seni daha yakın çekecek. Kolunu kaldıracaksın, 'Haydi aslanlar yürüyün!' diyeceksin ve stop. Korkacak bir şey yok."

"Tamam" demiş Kamran Usta. "Motöööör!" komutuyla beraber gayet güzel işlemiş ve çekmişler. O arada "Abiciğim sizi attan alalım, dinlendirelim," deyip indirmişler. Tam çayı ve sigarayı yarımlamışken asistan gelmiş.

"Hocam şu sahneyi son bir defa daha alıcaz, garanti olsun diye. Hava gitmeden rica etsek, buyurun."

Kendi kendine "Ulan bu nereden çıktı? Ben de kurtuldum diyordum yahu..." diye söylene söylene sete gelmiş yeniden. Yine bunu gazlayarak atın üstüne oturtmuşlar. Atın sahibi de karşısında, üç beş metre uzaktan ipi tutuyor güzel güzel. Her şey yolunda. Ama Kamran Abim'in bilmediği başka bir dümen dönüyor. Nereden bilsin... Yönetmen atın sahibini yanına çağırıp şöyle demiş:

"Kardeşim, tamam at çok güzel ama bu sahne benim içime sinmedi. Kamran Abi'ye çaktırmadan atı şahlandıramaz mısın? Anladık, attan korkuyor ama buna bir formül bulalım. Atın üstünde hücum komutu verirken hayvan bir kere şahlansın yeter. Zaten kesicez."

Atın sahibi, "Hallederim hocam," diyor. Seyisle beraber çözümü buluyorlar. Çekim aşamasında at sahibi olabildiğince uzakta ipi tutuyor. Büyük Attila hücum komutunu veriyor. Arkadan sessizce yaklaşan seyis atın taşaklarına kıymık gibi şeyi saplayınca hayvan müthiş bir kişnemeyle iki ayağının üstünde şaha kalkıyor! Büyük Hun İmparatoru Attila, o anda Kamran Usluer oluyor tabii. O koca sesiyle replikleri söylemek yerine ağzına ne geliyorsa saydırıyor bunlara. O esnada yönetmenin sesi duyuluyor:

"Stoop! Tamam! Hayvanı tutun! Kamran Abi'ye dikkat edin! Attan alın!"

Kafadaki başlık yerlerde, ortalık toz duman... Neyse ki atın üstünden kazasız belasız alıyorlar. O anda kızmasın diye olanı biteni anlatmıyorlar elbette. Gece otelde itiraflar dökülüyor. Aylar sonra filmin dublajına çağırıyorlar.

"Stüdyoya girdim. Kendimi konuşacağım. Benim meşhur atlı sahne geldi. Aaaa senaryoda olan başka, benim ağzımdan çıkan sözler başka. O anda korkudan bunlara ne gelirse saydırmışım. Oradaki konuya uygun bir şeyler oturttum. Sonunda 'Allah Allah Allah' nidasıyla bitirdim. 'Çok güzel oldu abi, ağzına sağlık' denilerek uğurlandım. Yahu kimsenin aklına da gelmedi, Hun Türkleri Şaman'dı hani? Ne ara Müslüman oldular?.."

Bu nefis hikâyeden sonra Kamran Abi'nin adı aramızda "Attila" olarak kodlandı. Ömrünü dublaj stüdyoları, tiyatro kulisleri, film setleri arasında geçirmiş, hep çalışan ve de çok çalışkan bir oyuncuydu. Yazları genelde aynı yerlere gitmeyi tercih eden, tatilde şezlonglarda malak gibi yatmayan, her akşamını bir masada boş geyikle heba etmeyen, okuyan, yazan, izleyen, dinleyen, öğreten, güldüren büyük bir ustaydı o.

Torba'da Dalli diye bir motel vardı. Şimdi duruyor mu, bilmiyorum. Yıllar yıllar önce ani bir kararla 10-12 tiyatrocu, oraya gittik. Bodrum Torba'da, deniz kenarında, orta halli, çok şirin bir moteldi. Kamran Abi'yle orada karşılaştık. Meğer her yaz oraya gelirmiş, "Sakin olması hoşuma gidiyor evladım," demişti. Bir sabah Yüce Şişman İsmail İncekara Abim ve ben aynı anda kahvaltıya indik. Otelin kahvaltı yapılan bölümünde kasada bir hanım var. "Günaydın," diyerek bizi güler yüzle karşıladı. Bir yandan ekstra bir şey ister miyiz diye malının reklamını yapıyor.

"Sucuk var, çok güzel sosis var. Aaa arka bahçemizden her şey, bizim mahsulümüz. Kümeste tavuklarımız var. Az önce tavukların altından aldık bu yumurtaları. İsterseniz yumurta yaptırayım tereyağında. Göz göz olur, ekmek banarsınız."

Tamam anladık, ağzımızın suyu aktı. Ama abla hiç ara vermiyor ki biz de siparişi verelim. Birden kadın bize Kamran Abi'yi gösterdi.

"Bakın Kamran Bey'e de yaptık yağda yumurta. Kamran Beeey! Nasıl, yağda yumurtayı beğendiniz mi?"

O esnada gazeteden kafasını kaldırdı. Hem "çok güzel" işareti yaptı hem de bize, "buraya gelin, beraber kahvaltı yapalım" daveti. İsmail Abim'le beraber oturduk, masasına ufaktan bizim siparişler de geldi. Hem yiyoruz hem de ustamızı dinliyoruz. O sabah müthiş keyifliydi. Şehit Tiyatroları'nda, dublaj ve sinema sektöründe yaşadığı sıkıntılı yılları öyle güzel anlatıyordu ki... Ağzından bal damlıyor derler ya, işte öyle güzel... Zaman zaman aralarda kahvaltıya inenlerle kasadaki kahvaltıcı ablanın sesi duyuluyor.

"Çok güzel sucuk var, salam var. İsterseniz yağda yumurta yaptırayım, arkada kümesimiz var. Az önce tavukların altından aldık. Göz göz bırakırız, ekmek banar yersiniz, tereyağlı. Bakın Kamran Bey de gelir gelmez söyledi, yiyor, çok beğendi. Kamran Beeey yağda yumurta nasıldı?"

Tam muhabbetin en güzel yerinde Kamran Abi'nin lafına girilir mi? Küçük bir es verdi. Sonra o muhteşem sesiyle ve karizmasıyla bütün oteli yıktı geçirdi:

"HANIMEFENDİ! YEDİK VE GÜZEL! TAVUKLARINIZIN GÖTÜNE SAĞLIK!"

Ruhun şad olsun ustam...

ÜÜÜHHH NUR BEY İLE

KURTULUŞ CUMHURİYETİ'NİN BEYLERİ
NUR BEY VE SİYAMİ BEY

Hikâyemizin kahramanı, şeyhimiz, pirimiz Nur Subaşı'nın ismini duymamış olabilirsiniz. Ama sesini kesinlikle bir yerlerden duymuşsunuzdur. Önceleri TRT'de, sonraları özel televizyonlarda, radyolarda duyduğumuz iftar öncesi duanın sesi:

"Allahım... Senin rızan için oruç tuttum. Sana güvendim. Sana inandım..."

Televizyonda reklamlarda, bazı yabancı filmlerde başrolde sesi çokça duyulan bir abimiz. Şimdi ses dolu ve dolgun olup bas sınırlarını zorlayınca, onun avantajlarını günlük yaşamda da çokça kullanıyor tabii. Kurtuluş'ta oturduğu evin penceresinden sepet sallandırırken, "İsmaiiil! Bak bakayım buraya! Beni bu yaşta pencerelerden bağırtma!" diyerek mahalleyi inlettiğinde, bırakın Bakkal İsmail'i, bir alt sokaktaki Bakkal Bünyamin'in bile onu duyduğu söylenir. Oyunculuk ve dublaj hayatını İstanbul'da devam ettiren, bizim camiamızda kendisiyle ilgili anlatılan çok fazla anıya ve menkıbeye konu olmuş renkli bir karakter... *Haşırt Dı Bilekbord* kitabımda onunla yaşadığım "Terbiyeli İşkembeci" hikâyesini paylaşmıştım. Bazı adamlar vardır, bazı kurumlarda varlığıyla iz bırakırlar. Onlar barometre ya da yerine göre paratoner görevini üstlenirler. Hatasıyla, sevabıyla, yaptıklarıyla, yaşadıklarıyla, olaylara bakışıyla, yaşamıyla; bazen tam yerinde, bazen de olmayacak yerlerde söyledikleriyle efsane olurlar. İşte eskiler der ya, nev-i şahsına münhasır. Yani bunlardan fabrikası bir tane üretir, ikinci bir örneği yoktur. Nur Subaşı, Semih Sergen ve Numan Tala Pakner. Bu isimler hep bir biçimde akıllara gelir. Kendi evinde çağdaş bir Diyojen hayatı yaşayan Nur Bey'in kadim dostu Siyam kedisi Siyami Bey'den başka kimseyle ailevi bir bağı yoktur.

Çok fazla samimiyeti olmayan biri "Nasılsınız?" diye sorunca hep "Üüüh iyiyim. Gayet iyiyim," diye cevap verirdi. Bir keresinde biri dedi ki, "Yahu Nur Bey, sen de kim sorsa hep 'İyiyim' diyorsun, bir gün de 'Ben kötüyüm' desene." Nur Bey, "Böyle soruya böyle boru" diyerek yapıştırdı cevabı:

"Ulan salak, beeen profesyonelim, senin gibi amatör değilim!"

Yakın bildiği insanlara detaylı açıklama yapardı pirimiz Nur Bey.

"Abiciğim nasılsın?"

"Üüühh... Yine bu berderhanede, yine parasızlık, yine rezalet bir hava... Sular akmıyor, elektrik kesik, arabanın taşıt pulu ödenmemiş, Siyami Bey'in biten yemeği... Aşk yok, şevk yok... Galiba bu evden de çıkacağım. Kel kafam bir türlü ısınmıyor yavrucuğum. Üüühh!.. Yavrucuuummm... Çocuuumm..."

Bunlar hep anahtar sözcükleridir onun. Özellikle kalabalık bir mekânda garsonları yakalamak için forteden çakardı.

"Üüüh... Kim bakıyor yavvruum buraya?"

Mekânda herkesin ve özellikle garsonların dikkatini çekmek için yapardı bunu.

"Öbür türlü sesimi duyurmak için uğraşamam... 'Bakar mısınız?.. Bakar mısınız?.. Garson Beeyy... Garson Beeyy... Evet sen, bakar mısın buraya yavrucuğum?..' Bak gördün mü, hem yoruyor hem de zaman kaybı... Önce sesi rezonans bölgesine alıyorsun. Diyaframdan havayı balon gibi basarak, 'Üüühh!' Doğal olarak duyan garsonlar sesin geldiği yere bakar. İlk göz göze geldiğini yakalayacaksın. 'Seenn, yavrum bak bakiyim buraya.' Önce adını öğreneceksin garsonun, sonra da bahşişi peşin vereceksin ki, masada hizmet hızlı ve özel olsun."

Nur Bey hayatı boyunca bir defa evlenmiş, çok fazla sürmeden de ayrılmışlar dostça. O dönemler Nur Bey'in en hızlı olduğu yıllar. Bazen pokere takıldığı, bazen iki gün iki gece süren Altınbaşlı sofralara oturduğu zamanlar... Cep telefonu yok, ev telefonu desen, zaten herkeste yok. Eve haber verip, "Arkadaşlarla şuradayım, buradayım, geç gelirim ya da gelemem" gibi bir bilgilendirme de yok tabii. Kadıncağız evliliğin ilk günlerinde ses etmemiş. Hani bir rüzgârdır gelir geçer misali. Bir gece sabaha karşı evine gelmiş Nur Bey. Sevgili eşi de sobayı orta dereceye almış, kanepede uzanmış, eve dönüşünü bekliyor.

Nur Bey evin kapısını açmış, salona doğru girmiş. Işığı yakmadan sobanın yanına gelmiş. Tam sobanın kapağını kaldırmış, içine işeyecek, yenge uyanmış:

"Aaa Nur! Hayrola, napıyorsun sen!?"

Pirimiz şöyle bir kendine, bir de duruma bakmış. "Bana bak kadın, senin bu saatte sokakta ne işin var!" diye patlatınca evlilik bitmiş doğal olarak. Nur Bey hem paraya değer vermeyen hem de parayı hiç bulamamış bir meslek büyüğümüz oldu.

Dublaja çağırmışlar, tam zamanında gelmiş ama neyi ve kimi konuşacağını bilmiyor. Dublaj piyasasına sanat olarak değil, zanaat olarak bakan bir profesyonel.

"Üüühh tabldotta ne var yavrucuğum?"

Tabldot deyince yemeği kastettiği düşünülmesin. Dublaj tezgâhında ne var, onu soruyor.

"Yoksa yine langar lingir tangar tingir kıytırık bir film mi var?"

"Hocam *Guguk Kuşu* filmi var, sizin rolünüz de Jack Nicholson."

"Yaaa öyle mi?.. O yavşak Jack 50 milyon dolar almış, kafası kadar sıçmış. Şimdi ben onu 150 TL'ye kurtaracaaamm, öyle mi? Ulan kadere bak!"

Zaman zaman hocayla derin AKM sohbetlerimiz olurdu. Pardösü ya da kabanıyla kafasında siyah monşer beresiyle kafeteryaya gelir, önce sağa sola bakar kim var kim yok diye, sonunda yanımıza gelirdi. Özellikle yeni yıla girmeden önce resmi mesajını beklerdik.

"Hocam bu yılı ne yılı olarak ilan ediyorsunuz? Şunu belirleyelim ki, ona göre yıllık program yapıcaz."

"Üüühh bu yılı evlilikler yılı ilan ediyorum. Üüüh bu yılı boşanmalar yılı ilan ediyorum. Üüühh bu yılı taksitle borçlandırma yılı ilan ediyorum. Üüühhh bu yılı dolandırılma yılı ilan ediyorum. Üüühh bu yılı aşk yılı ilan ediyorum. Üüühh bu yılı seks yılı ilan ediyorummm."

Tam bu yılı neden seks yılı ilan ettiğini açıklayacaktı ki... Yan masadan münasebetsiz bir korist, biraz yavşakça bir tavırla işi sulandırmaya kalktı.

"Hahaha desene hocam, çok bereketli bir seks yılımız olacak. Ben şimdiden kafamda liste yapmaya başladım."

"Ulan salak, seks yılı ilan ettiysek anlayıp dinlemeden nasıl böyle liste yapabiliyorsun yavrucuğum?"

Bizim korist yavşaklığa devam etti.

"O zaman liste dışından bulduğumuza kayarız hocam."

Vayyy, terbiyesiz herifin ettiği lafa bak! Babası yaşındaki Nur Beyimiz'le aklı sıra kafa buluyor, belli. Biz daha bir şey söyleyemeden pirimiz çocuğu paketleyip kenara koydu.

"A salakoğlu salak! Seks dediysek niye hemen kendini aktif ilan ettin sen? Belki de sana kayarlar çocuğum!"

Önümüzdeki senenin teması belli olduktan sonra klasik sınav sorusuna geçilirdi:

"Yılbaşında büyük ikramiyeyi kazanırsan ne yaparsın?"

Paranın tamamını eve, arsaya ya da bankaya gömenlere şahane fırçalar gelirdi. Zaten özellikle fırça atsın diye, "Hocam paranın tamamıyla 85 adet yerli araba alıcam," diyen bile olurdu. Bana da sordu tabii.

"Üüühh peki siz Zafer Bey, paranın tamamını aldın, indirdin. Ne yapacaksın, söyle de bilelim."

"Hocam, bir öğlen vakti kapınıza bir Limousine gelir, sizi evden alır. Arabanın içinde şampanya ikramı. Sonra havaalanında kiraladığım özel uçağımın yanına yanaşırsınız. Uçağın merdivenlerinde kaptan esas duruşta. İki hostes sizi bekliyor. Uçağa binmeden şampanya tazeleme ve çilek ikramı. Ardından ilk durak Barcelona. Orada güzel bir yemek, akşamında casinoda şansınızı denemeniz için geniş bir bütçe. Ertesi gün Barcelona'dan ayrılış. Bu defa Paris'e gidiyoruz. Eğer orayı çok severseniz bir gün daha..." derken sözümü kesti.

"Anlaşıldı çocuğum, bunlar gayet güzel düşünceler ve hayaller. Özellikle beni de servete ortak etmen hoşuma gitti."

Sonra baleden arkadaşım Erdal Uğurlu'ya döndü.

"Seeenn söyle bakalım kenar mahallelerin James Dean'i! Sana büyük ikramiye toslasa sen ne yapacaksın?"

Erdal biraz düşündü.

"Hocam bana para çıksa... Giderim, Hilton'un kral dairesini kapatırım. Bir ay orada yaşar, keyfini sürerim."

"Hangi Hilton çocuğum?"

"Hocam radyo binasının arkasındaki en eski Hilton işte."

Erdalım nereden bilsin fırçanın kralının geleceğini...

"Kes sesini! Seni gidi yüreği ve zevki süfli puşt! Ettiği lafa, kurduğu hayale bak! Adama piyangodan büyük ikramiye çıkıyor. Gidip İstanbul Hilton'da kral dairesini bir ay kapatıyor. Ulan dünyada 250 Hilton var. Bula bula İstanbul Hilton'u mu buldun! İşte bu para denen boook hep böyle adamlara çıkar. Sana bana da gevezeliğini yapmak kalır. Sakın yeni yıl çekilişinde şansımı deneyeyim demeyin, bilet almayın. Bu dallamaların hayallerine katkıda bulunmayın."

Nur Bey'in, yani pirimizin hayatı boyunca parayla değil, parasızlıkla sorunları oldu. Eskiden bankamatik ve kredi kartı olmadığı için hayat eşe dosta borçlanmayla ya da senet imzalamakla yürüyordu. Sevgili arkadaşım Civan Canova anlatmıştı. Doğum gününe davetliler. Bebek tarafında bir bara gitmeleri lazım. Gelgelelim ikisinin de cebinde beş kuruş para yok. Nur Bey diyor ki:

"Yahu atlayalım bir taksiye. Gittiğimiz yerden ister, taksinin parasını veririz."

Civan itiraz ediyor.

"Yahu hocam öyle şey olur mu... Davetliyiz. Elimiz boş gittiğimiz yemiyormuş gibi, bir de 'Gelin, taksi paramızı ödeyin' denir mi? Ayıp olur, başka bir yol bulalım."

CİVAN CANOVA

Taksim Meydanı'nda sağa sola bakıyorlar, bir tanıdığa rastlar mıyız diye. Binlerce insan geçiyor, tek bir tanıdık yüz yok. Sonunda Nur Bey şık giyimli, kravatlı, bond çantalı birini gözüne kestiriyor ve dublaj sesiyle adamı durduruyor.

"Üüüh affedersiniz. Acaba iki adet otobüs biletiniz var mı?"

Adam bir an duruyor, sonra bond çantayı açıyor ve içinden abonman bilet destesini çıkarıp iki adet koparıyor, Nur Bey'e uzatıyor.

"Buyurun üstadım. Sizin gibi kıymetli birine bilet vermek benim için şereftir."

Vaaayy şansa bak, hocamızı tanıyan bir adama rastlıyorlar. Adam devam ediyor:

"Ben Ankara'da Hukuk okudum. Sizi hem tiyatro oyunlarınızdan hem de radyodaki sesinizden hatırlıyorum, muhteşemsiniz. Size hayranım hocam."

"Yaaa demek beni tanıyorsun ve bana hayransın öyle mi? İki de dönüş bileti ver bakayım yavrucuğum. Hayranlık bir işe yarasın, borcumuz da dört bilet olsun."

Nur Bey'in bildiğim kadarıyla hayatı boyunca üç arabası oldu. 1956 model eski ve güzel bir Chevrolet vardı bir dönem altında. Zaman zaman AKM otoparkında ufak tefek arızalar yapıp çalışmadığı, huysuzlandığı dönemler olurdu elbette. Direksiz ve koldan vitesli, oturma odası gibi koca bir arabaydı. Allah için ona da çok yakışıyordu. Bir gece Alev Sezer'le buluşuyorlar. Arnavutköy'ün üstlerinde bir sanatçımızın doğum günü davetine icabet edecekler. Alev Abi, "İstersen arabayı sahil tarafında ya da yukarda bir yere bırakalım. Sokaklar dar, belki dönmek, park etmek sorun olur," diye hocayı baştan uyarıyor. Hoca, "Yok yahu, ne olacak, bir yer buluruz. O kadar yolu yürüyemem," diye cevap veriyor. O zamanlar Arnavutköy yokuşundan yukarıya çıkılıyordu. Sonradan trafiği tek taraflı yokuş aşağı yaptılar. Gecenin bir vaktinde Arnavutköy Karakolu'nu

ALEV SEZER

sağ tarafa alıp, 56 Chevrolet ile cayır cayır yokuş yukarı çıkıyorlar. Sola dön... Şimdi sağa dön... Tekrar sağa... Şimdi sola, derken... Oldukça dik bir sokağa dalıyorlar. Sol taraflarında "L" biçiminde tahta perdeler var. Eski bir binayı yıkmışlar, yenisi için temel çukuru açılmış yedi sekiz metrelik. Tahta perdelerin üstü uyarı levhalarıyla dolu. Nur Bey dik yokuştayken, nasıl oluyorsa debriyaj-gaz pedalı dengesini kuramıyor ve koca araba yokuşun ortasında stop ediyor. Hemen frene basıp vitesi koldan boşa alıyor. Marşa basıyor. Fıtı fıtı fıtı... Fıtı fıtı fıtı... Mümkün değil, arabanın çalışmaya niyeti yok. O anda farkında değil, iki tonluk koca Chevrolet yavaş yavaş geriye doğru santim santim kayıyor. En nihayetinde büyük bir çatırtıyla tahta perdeleri parçalıyor ve metrelerce derinlikte temel çukuruna düşüyorlar. Arabanın kıçı toprakta, burnu dik bir biçimde temelin yan duvarına yaslanmış, farlar gökyüzünü aydınlatıyor. İkisi de uzaya giden astronotlar gibi arabanın ön koltuğundan gökyüzüne bakıyorlar. Alev Sezer, hocaya soruyor:

"Nur Bey bize ne oldu yaa?"

Hoca vakur tavrından hiç taviz vermeden cevaplıyor:

"DÜŞTÜK YAVRUM!"

Bir gün konusu açıldığında bu olayla ilgili konuşmuştuk. "Abi peki arabadan nasıl çıktınız? Nasıl kurtuldunuz oradan?" diye sormuştuk. Önce delikanlılıktan taviz vermeden orta tonlardan "Yardım edin! Kimse yok mu?" denmiş. Hatta "İmdaaaat!" bile denenmiş. Bakmışlar ki kimsenin umurunda değil, bu defa Nur Bey devamlı kornaya basarak mahalleliyi haberdar etmiş.

"Sonrasında polis, itfaiye, ambulans... Sireni çalan her araçtan insanlar geldi. Araba halatlarla sağlama alındı. Kapılar açıldı, merdivenler dayandı. Bizi uzay kapsülünden çıkarır gibi alkışlar, yuhalar arasında kurtardılar. Tam manasıyla rezaletler gecesiydi."

56 Chevrolet'nin yarattığı skandal ve masraflardan sonra bir dönem hiç araba alamadı Nur Bey. Sonrasında, ikinci el

temiz bir Lada sahibi oldu. O araba yıllarca içi dışı tozlu halde hizmet verdi. Arabanın içi, dışından daha kirli ve toz toprak yanında, kâğıtlar, kutular, boş paketlerle yüklüydü. "Yahu abicim, şu arabayı iç dış bir kez yıkatsana. Niye üşeniyorsun?" dedik. Şöyle cevap verdi:

"Yavrum ben o arabayı yıkamaya götürüp orada başında bekleyemem. Beklesem de biri beni bulur, bilirim. Oraya dallamanın biri gelir, bir laf eder. Ben de lafımı esirgemem, ya karakolluk oluruz ya da aslan gibi dayağımı yerim. Neme lazım... Doğa gerektiğinde arabayı yıkıyor zaten. Ayrıca benim şoförlüğüm çok iyi değildir. Tertemiz arabayı bir yere vururum, sürterim, görünce canım sıkılır. Böylesi daha iyi."

Nur Bey'in arabası olduğu zamanlarda en çok gıcık kaptıkları İstanbul'un taksicileri ve tedirgin halde araba kullanan kadın sürücülerdi. Kadınlara söylense de her şeye rağmen kibarlık yapar, bekler, anlayış gösterirdi. Ama bitirim taksicilere hiç aman vermezdi. Bir keresinde şerit değiştirmek isteyen taksiciye bilerek yol vermedi ve arabanın kafasını yola sokup taksiciyi engelledi. Bitirim taksici tam önünden geçerken açık camdan seslendi:

"Babam yaşında adamsın, ayıp olmuyo mu dayı!"

Hiç üşenmeden lafını çaktı:

"Ben senin ne babanım ne de dayınım. Ayrıca biz bu numaraları sizden öğrendik yavrucuğum."

"Yahu pirim, sen hiç lafın altında kalmaz mısın? Her şeye zınk diye lafı çakıyorsun. Hiç cevap veremediğin zamanlar olmuyor mu?" diye sorduk.

Biraz düşündü ve cevap verdi:

"Üüüühhh, sanıyorum iki defa oldu."

Birincisi Erzurum turnesinde başına gelmiş. Erzurum'da şehri dolaşmaya çıkıyorlar. Akşam oyun oynayacaklar. Tabii Dadaşlar diyarının havası çivi gibi. Soğuk havayı ciğerlerine çekince ustura yutmuş gibi olursun. "Hava gezmeye pek uygun değil, hiç olmazsa bir kahveye sığınırız, hem ısınırız hem de çay içeriz" diye düşünerek kahveye dalıyorlar.

"Selamın aleyküm."

"Aleyküm selam."

"Üüühhh... Garson bak bakiyim buraya çocuuum. Bize taze demlenmiş güzel çay ver."

Hoca bir an oranın Erzurum olduğunu unutmuş. Erzurumluların ata sporu çay içmek zaten. Çayı hep taze ve demli içerler. Yanında büyük şeker makaslarıyla kıtır kıtır doğranmış kıtlama şeker gelir. Mercimek tanesi kadar şekeri dilin altına koyarlar ve o şeker kolay erimez. Bardak bardak çaya tat verir kıtlama şeker. Rahmetli anneannem her gün iki üç paket Bahar cigarası içer, bir kıtlama şekerle koca demliği bitirirdi. Erzurum'da çay bitince garson kimseye sormadan çayları tazeler. Torna tezgâhından çıkmış gibi, aynı standartta demli çay devamlı servis edilir. Dadaş garson koca tepside birbirinin aynısı elli çayı getirirken Nur Bey garsona sormuş:

"Söyle bakiyim çocuuum, benim demli çayım hangisi?"

Dadaş garson elindeki dolu tepsiyi önüne koymuş.

"Buyur çayını seç, üstünde vesikalık fotoğrafın olan seninki."

"Ulan bendeki dallamalığa bakar mısın... Erzurum'dasın, garsona böyle soru mu sorulur... Sorarsan adamı böyle göt ederler işte."

"Peki hocam cevap veremediğiniz ikinci olayı da rica etsek?"

Bizler tabii bu olayları tanıklarından daha öncesinde duymuşuz, biliyoruz. Amaç pirimiz Nur Bey'e anlattırmak. Birinci kaynaktan, en doğrusunu öğrenmek.

Bir yaz tatilinde oldukça kalabalık bir tiyatrocu topluluğu Ayvalık taraflarında bir motele gidiyorlar. Tatil yapılacak, yılın yorgunluğu atılacak. Herkes denize giriyor, duşa giriyor, güneşleniyor. Sadece Nur Bey hariç. Yüzme bilmiyor. Sudan ve sululuktan nefret ediyor. Hele denizde yapılan laubali şakaları hiç tasvip etmiyor. Kaldıkları motelin önünde uzun bir kumsal var. Nur Bey kumsalın köşesinde gölge bir yer bulmuş. Bütün gün orada, şezlongda uzanıyor. Birasını içip *Cumhuriyet* gazetesini didik didik okuyor. Sıcaktan çok bunalırsa duşa gidip hafif bir su dökünmece. Sonra tekrar bira, şezlong ve gazete keyfi. Tatil arkadaşları ısrar ediyor:

"Yahu niye denize girmiyorsun? Tamam, gel beline kadar gir, tekrar çıkarsın."

Nur Bey inatçı, hiç oralı olmuyor, hatta kendince mantıklı bir açıklama yapıyor:

"Ben her sabah kahvaltıdan sonra ilk iş soğuk biramı ve gazetemi alıp şezlonguma gidiyorum değil mi? Bir sabah gelip görsem ki bir köpekbalığı benim şezlonga uzanmış, benim biramı içiyooorrr... Benim gazetemi okuyooorrr... Ne yaparım, sinirlenirim. Ama köpekbalığına da hak veririm. Herkes yerini ve haddini bilecek! Hayvanın denizinde ne işim var efenim! Ne münasebet!"

Bakıyorlar ki Nur Bey'in tatilde deniz aktivitesi yok. Hiç olmazsa gün batımına doğru yaptıkları sahili teftiş yürüyüşü var. İşin o kısmı çok eğlenceli. Nur Bey'e gazeteden Napolyon gibi bir şapka yapıyorlar, aynı zamanda kel başını güneşten korusun diye. Önde general gibi yürüyor bir elinde birasıyla, arkasında tiyatrocular, bakanlar kurulu gibi sahili teftişe çıkıyorlar. Kilolu ve gürbüz yanaklı çocuklar fırçadan nasibini alıyor:

"Bu yaşta böyle göt göbek olmaaazzz! Tavla zarı gibi olmuşsun yavrum. Üç beyazı kes. Undan, tuzdan, şekerden uzak dur. Yanakların ensenden görünüyor gürbüz çocuk. Kendine dikkat et bakiyimm."

Sahilde kumdan bir şeyler yaparak oyalanan çocuklara takılıyorlar.

"Söyle bakiyim yavrummm. Ev mi yapıyorsunuz, barajjj mı, yoksa kale mi?"

Çocuklar sorularına cevap veriyor:

"Ev yapıyoruz amca."

"Kale yapıyoruz amca."

Nur Bey de havalara girip oyunu devam ettiriyor.

"Bu çocuğun evini beğendim. Hemen 250 bin ödeyin, evin tapu işlemlerini başlatın. Bu evladımızın yaptığı kaleyi de çok beğendim. Derhal 500 bin ödeyin. Tapuyu halledin ve kaleyi alın."

Yanındaki tiyatrocu grubu da oyunu devam ettiriyor.

"Emredersiniz mareşalim, derhal mareşalim, hallederiz mareşalim..."

Şen şakrak tüm sahile takılarak yürüyorlar. Sonunda Nur Bey diğerlerine göre daha küçük, dört beş yaşlarında, saçları kirpi gibi bir ufaklığın yanına gidiyor.

"İşte mükemmel bir mimari yapılmakta. Bu kıymetli mimarla da konuşalım. Bak bakayım buraya çocuuummm. Ev mi yapıyorsun, kale mi, yoksa baraaajjjj mı?"

Ufaklık kafasını kum kovasından kaldırıp Nur Bey'i nakavt edenler listesinde adını ikinci sıraya yazdırıyor.

"Ananın amını yapıyoruuumm!"

Herkes önce bir fotoğraf karesi gibi donuyor. Sonra müthiş bir kahkaha tufanı... Gülmekten kumlarda tepiniyorlar.

"Eee peki hocam, ufaklık sana lafı zınk diye oturtunca bir şey söyleyemedin mi?"

"Çocuk tamamen haklı efenim. Sana ne ulan kel pezevenk! Dört yaşındaki çocuğun hayal dünyasına neden giriyorsun? Neden müdahale ediyorsun? Böyle kaşınırsan çocuk da ağzının payını verir tabii."

Bu Ayvalık taraflarında ne varsa, Nur Bey'in hayatında hep bir hatırası var. Arabasız ve her zamanki gibi yine parasız bir döneminde. Kurtuluş'ta evinde oturuyor. Neyse ki evde telefon bağlı ve çalışıyor. Çilingir sofrasında üç dört kadeh Altınbaş'tan sonra efkâr basıyor. Son buluşmalarında tatsız tuzsuz bir ayrılık yaşanmış. Hanımefendi annesiyle Ayvalık'ta bir motelde kalıyor. Gece motele telefon ediliyor. Hanımefendi rica minnet resepsiyona geliyor, konuşuyorlar. Özürler dileniyor ama nafile, kadın kestirip atıyor.

"Ben anlamam! Eğer gerçekten seviyorsan, arabaya atlar, sabah beni görmeye gelirsin!"

Çaattt... diye kapanıyor telefon. Bu resti görmesi lazım ama araba yok. Birinden emanet araba istese daha da zor. Gidiş geliş dünya yol. Kim kullanacak arabayı? Hemen mahalledeki taksi durağı aranıyor.

"İyi geceler Hocam, buyurun."

"Çocuuummm Ayvalık'a gidip gelecek yeni ve bakımlı bir arabaya veee beni efendi gibi götürüp getirecek iyi bir şoföre ihtiyacım var. Bana ne kadara mal olur bu operasyon?"

Hesap kitap yapılıyor.

"2000 TL'ye olur. Sen yabancı değilsin, 1500 TL olsun hocam."

"Yoldaki masrafları da şoför karşılasın, onları da ödeyeceğim sonra. Ama üzerimde nakit para yok. On beş gün sonrasına bir senet hazırlayın. Şoför yanında getirsin, imzalarım, aybaşında maaşı alınca parayı verir, senedi alırım."

On beş dakika sonra araba, içinde terbiyeli bir şoför ve 1500 TL'lik senetle kapının önüne geliyor. Nur Bey gerçek bir profesyonel olduğu için arka koltuğa oturuyor. Önde oturup Ayvalık'a kadar şoförün anılarını dinlemeye hiç niyeti yok zira. Şoför ufak denemeler yapıyor ama nafile. Hocadan tık yok. Sabaha karşı çay çorba molası veriyorlar. Nur Bey'de para yok. Şoföre siparişini veriyor.

"Sen al yavrum, dönüşte öderim."

Şoför parayı verip yemeği alan kendisi olunca hafif yüz buluyor ve siparişleri alıp Nur Bey'in karşısına oturmak gafletinde bulunuyor.

"Hemen masadan kalk ve başka yere otur bakiyiimmm! Sen şoförsün, ben müşteriyim. Bu laubalilik nedir! Sululuğu hiç sevmem yavrucuuumm."

Sabah erkenden motele geliyorlar. Bütün gün deniz kenarında özür dilemeler, pişmanlıklar... Müstakbel kayınvalide şezlongda güneşleniyor, denize giriyor. En arkada ise taksi şoförü, sadece gömleğini çıkarmış, atletle gölge bir yerden onları izliyor. Akşam da dönüş yolunda tek kelime sohbet etmiyorlar. Sabaha karşı İstanbul'a dönüyorlar. Aybaşında maaş yatınca borç ödeniyor, senet geri alınıyor.

Bu gönül meseleleri yüzünden Nur Bey zaman zaman anlamsız, fevri harcamalar yapabiliyor. Rahmetli Orhan Tetikcan anlatmıştı. Anadolu turnesi yapıyorlar. Birkaç ilde oynadıktan sonra İstanbul'a dönecekler. Nur Bey'in o dönem gönül ilişkisi olan hanımefendiyle arası limoni. Oyundan döndükten sonra odadan telefon ediliyor. Devamlı kavga ediyorlar ve sinir harbi bitmiyor hiç. Nur Bey, Elazığ'da bir kış gecesi resepsiyonu arıyor.

"Yavrum bu kentte camcı var mı? Bana en kısa zamanda bir camcı bulun."

Resepsiyonist afallıyor.

"Efendim gecenin bu vaktinde camcıyı nereden bulalım?.."

Hocam giderek geriliyor.

"Evladım, burası küçük bir yer. Ne yapın edin, gerekiyorsa evine taksi gönderin. Kaç paraysa masraflar bana ait. Hemen bana camcı bulun bir tane."

Odasında öfkeyle bir yandan demleniyor, bir yandan resepsiyondan gelecek telefonu bekliyor. En nihayetinde, "Camcı geldi, odaya gönderiyoruz," haberini alıyor. Odanın kapısını açıyor, camcı geliyor. Camcı gecenin o vaktinde tahta metreyi getirmediği için fırçayı yiyor en güzelinden. Neyse ki resepsiyondan bir mezura getiriyorlar. Camcıya diyor ki, "Şu ortadaki büyük camı ölç." Adam enini boyunu dikkatlice hesaplıyor.

"Şimdi söyle bakiyim, bu ebatta cam kaç paraya takılıyor?"

Adamcağız kabaca bir hesap yapıyor ve parayı söylüyor.

"Peki bu camı ne kadar zamanda değiştirip yerine yenisini takarsın?"

Camcı şaşırıyor. "Ulan çattık, deli midir, divane midir... Koca cam zaten yerinde duruyor. Niye bunun yenisini takacağım?" diye kendi kendine düşünürken, ağzından "Bir saatte takarım," çıkıveriyor. Nur Bey boş şişeyi kaptığı gibi büyük cama fırlatıyor! KIRAAŞŞŞ!.. diye müthiş bir cam patlaması... Ortalığa parıl parıl cam parçaları dağılıyor.

Hemen elini cebine atıyor. Camın fiyatının çok üstünde parayı yapıştırıyor.

"Sana bir saat süre veriyorum. Camın yenisini tak, odayı temizlet, sonra da bana haber ver. Ben otelin lobisinde senden haber bekliyorum."

Otel de camcı da şaşkınlık içinde... Gecenin şu vaktinde adamın biri ne işlere sebebiyet veriyor, anlam veremiyorlar. Oysa Nur Bey, camı kırarak günlerdir içinde birikmiş sinir kütlesinden kurtuluyor ve rahatlıyor. Cam yerine takılıyor, oda cam kırıklarından temizleniyor. Odasına çekilip huzur içinde uyuyor. Tamam, camı kırıp rahatladı, anladık ama camcı operasyonu neden gündüz değil de geceden, anında gerçekleşiyor? Çünkü otele giriş yaparlarken ekipten biri odayı değiştirmek istiyor. Resepsiyonist otelin ağzına kadar dolu olduğunu, değiştiremeyeceğini söylüyor. Nur Bey gece camı kırdıktan sonra resepsiyonistten başka bir oda istese başına gelecekleri biliyor. "Boş oda yok. Kırmasaydın camı kardeşim. Şimdi sabaha kadar Elazığ soğuğunu ye, aklın başına gelir belki," diyecekler. O yüzden önce cam işini garantiye alıyor, sonra da camı kırıyor. Yine profesyonelce bir hamle.

Nur Bey aslında kendi bulduğu atasözünü de çok iyi örnekliyor ve doğruluyor.

"Allah insanları üç cins yaratmıştır: kadınlar, erkekler ve tiyatrocular. Ben tiyatroyu severim ama tiyatrocuları hiç sevmem. Bunların hepsi delidir. Ne zaman ne yapacakları hiç belli olmaz."

AKM Büyük Salon'da cumartesi akşamı ve pazar matinesuare (yani 15.00 ve 20.00) Devlet Tiyatrosu'nun oyunları sahnelenirdi. Büyük oyunlar dönüşümlü olarak burada oynanırdı. Bir hafta Shakespeare'den *Fırtına* oynanıyordu. Benim oyunum *Yaşar Ne Yaşar Ne Yaşamaz* öbür hafta sonu olduğu için rahatım. Akşam için arkadaşlarımla program yapmışım. Maç seyredip bir yerlerde iki lafın belini kıracağız. Pazar günü saat 18.00 civarı evin telefonu çaldı. Oyuncu arkadaşım Ali Düşenkalkar sahne amirliğinden arıyor.

"Matine oyunu bittikten sonra oyunculardan biri kalp spazmı geçirmiş. Tedbir amaçlı olarak, 'Oynamasın, evine gidip dinlensin' demişler. Akşam başka bir oyun oynanması lazım."

Hemen tiyatroya gitmek için apar topar yola çıktım. Yolda düşünüyorum. *Yaşar Ne Yaşar Ne Yaşamaz* oynayacağız tamam da... Oyun kalabalık bir oyuncu kadrosuyla, yine kalabalık bir dans ekibi ve figürasyonla oynanıyor. Ya ulaşamadıkları... "Kimse İstanbul dışında değildir inşallah," diyerek AKM otoparkına geldim. Koştura koştura binaya daldım. Asansöre binip beşinci kata, yani kafeterya katına çıktım. Aman Allahım, inanılır gibi değil! Herkese haber gitmiş. Oyuncular tamam, figüranlar tamam, dansçılar tamam. Aşağıda, sahnede dekor kurulmuş, oyunu oynayacağız. Birden fark ettik ki, Nur Bey yok. Nur Bey oyunun anlatıcısı. "O olmazsa oyunu nasıl oynarız?" diye panikledik.

Sonunda öğrendik, haber vermişler, "Geliyorum, tamam geliyorum ulan!" demiş homurdanarak. Hemen aşağıya inip odalarda oyun kostümlerimizi giydik. Tekrar beşinci kata çıktık. Çay kahve eşliğinde sohbet ediyoruz. Birden kafeteryanın öbür ucundan bir alkış tufanı koptu.

"Nur Bey geldi! Pirimiz geldi... Yaşaaa!.. Varooll!.."

Bütün kafeteryayı boydan boya yavaş yavaş yürüdü, tam önümüze geldi.

"Üüühh herkes geldi mi çocuuumm?"

NUR SUBAŞI

"Evet abi herkes geldi."

"Yani tek bir figüran, tek bir dansçı bile eksik değil, öyle mi?"

"Evet abi, öyle."

"Ulan helal olsun beee... Desem ki, 'İki saat içinde herkes Karaköy Limanı'nda olsun, gemiyle Avrupa turu yapacaaazz, tüm masraflar bana ait.' Yine bu ekipten en az 15-20 kişinin ya haberi olmaz ya gelmezler ya da işim gücüm var derler. Ama iki saat içinde programda olmadığı halde oyun oynayacağız deyince sanki boook varmış gibi herkes eksiksiz gelmiş. Ben size demedim mi? Allah insanları kadınlar, erkekler ve tiyatrocular diye üç cins yaratmış. Hepiniz manyaksınız!"

Sanatla uğraşan çoğu insanın bir küçük tahtası yerinden oynamış oluyor sahiden. Mesleki deformasyon mu demek lazım, bilemedim. Pirimiz Nur Subaşı bir oyunun yönetmeni ve dönemin idarecileriyle papaz olmuş. Adamın oyunu anlamadığını, kendisine verilen rolün ona uygun olmadığını günlerce söylemiş, dinletememiş. Sonunda sesler yükselmiş.

"Oynamıyorum o zaman!"

Hemen restini görmüşler.

"Bal gibi de oynayacaksın!"

Nur Bey de gidip kendine hastaneden yirmi bir günlük rapor alarak oyunu bırakmıştı. Ama heyeti nasıl ikna etmişse, tarihe geçecek bir teşhisle, resmi raporu getirip idarecilerin masasına koymuştu:

"ENTELEKTÜEL SÜRMENAJ."

Elli sene düşünsem aklıma böyle rövanş almak gelmez. Şimdi Nur Bey'in dediği gibi neden tiyatrocuların üçüncü bir cins olduğunu anlatabildim mi?

Kurtuluş semti üstadımız Nur Bey'in hayatında hep yer almıştır. Evi taşıyacaksa bile sonunda yine Kurtuluş'tan bir ev tutar ve oradan hiç ayrılmazdı. Kurtuluş'taki evlerine bizim camiadan giden gelen çok olurdu. Öyle ya da böyle bir bahaneyle Nur Bey ziyaret edilirdi. Ben Nur Bey'i Kurtuluş'taki evine ilk defa arabamla götürdüğümde efsane kedi Siyami Bey'le de tanışmıştım. Bu yazıda elbette ona da ayrı bir yer ayıracağım.

Nur Bey'le ilgili doğruluğu şüpheli Kurtuluş hikâyeleri de mevcut. Doğru olmasa bile hikâye olarak komik. O yüzden yazar olarak bunu da kaleme almak zorundayım. Gerisi okurun sorunu...

Nur Bey'in evlerinde tül perdeleri hep kapalı olurmuş, sıcak havalarda da çıplak dolaşırmış. Bir gün oyuncu bir abimiz (Alev Sezer ya da Emir Tayla) Kurtuluş civarındayken Nur Bey'e sürpriz bir ev ziyaretine gidiyor. Yanında bir hanımefendi var, "Hayatım hani tanışmıştın ya oyuncu abimizle, gelmişken uğrayalım, biraz neşemiz yerine gelsin," diyor. Apartmanın kapısından dalıp kapı ziline basıyorlar. İçerden sesi geliyor:

"Üüühh geliyorum efenim. Şimdi geliyorum."

Kapı açılıyor. Aman Allahım, skandal! Nur Bey çırılçıplak! "Abiii ne yapıyorsun! Aman abimm!" derken çat diye kapıyı kapatıyor. Beş dakika kadar bekliyorlar. Tekrar kapıyı açıyor, yine çırılçıplak! "Üüühh buyursunlar efenim, buyursunlar... Kusura bakmayın, ev biraz dağınıktı da..." diyor. Şimdi bu menkıbe doğru mu? Abartı mı? Bilemiyoruz. Ama yıllar boyu anlatıldığına göre en azından resmi kayıtlara geçmiş demek daha doğru.

Eğer Kurtuluş semtinin valisi Nur Bey ise, kedilerin valisi de Siyami Bey'di. Karlı bir İstanbul gecesinde, oyun bitiminde

AKM otoparkına indik. Arabalar, tiyatronun servisleri, herkes bir koşturma içinde. Kuru ayaza kalmadan evlere gitme telaşı var. Nur Bey'i götürecek olan serviste bir sorun olmuş, beklemeden gitmişler. Hoca da bu salaklığı yapanlara kendi literatüründen saydırıyor. "Abiciğim buyurun, ben sizi Kurtuluş'a bırakayım," dedim. İşi fazla da uzatmasına fırsat vermeden arabanın ön koltuğuna buyur ettim. Otoparktan çıkıp Kurtuluş'a gelinceye kadar organizasyon yapmanın bir zekâ işi olduğunu, ömrü boyunca beyaz ekmekle beslenmiş bir metabolizmanın asla organizasyon yapamayacağını anlattı. "Yahu çocuğun evde karnı aç olmasa bu kadar mesele etmezdim ama neyse," dedi. Sonunda Kurtuluş'ta oturduğu eve yaklaştık. "Gel yahu, biraz oturursun. Baktın ki kar bastırdı, burada kalırsın. Hem bizim oğlanı da gör Zafer Beyciğiimm," diyerek beni evine davet etti. Arabayı düzayak bir sokağa park ettik ve oturduğu apartmanın önüne geldik. Sokak kapısının tutukluk yapan kilidi de sinkaftan nasibini aldıktan sonra nihayet apartmana girdik. Nur Bey'in apartman kapısı hiç zorlanmadı. Zaten herhangi bir anahtarı soksanız açılacak bir kapıydı.

"Siyamiii... Geeel bakiyim buraya. Misafirimiz var yavrucuğum. Ona merhaba de bakiyiimmm."

Salona doğru yürüdük. Işığı yakınca Nur Bey'in "oğlum" dediği Siyami Bey'le ilk karşılaşmamızı yaşadım. Kendisi erkek bir Siyam kedisi olduğu için sahibi adını Siyami Bey koymuş.

Koyu kül grisi tüyler... Yeşil-mavi karışımı gözler... Çirkin mi çirkin... Komik mi komik bir surat... Ama sağlam karizma. Farklı bir tafrası ve hafif ukalalıkla karışık acayip bir özgüveni var. Evdeki üçlü kanepeye taşaklarını yaymış, uzunlamasına keyif durumunda. Hani evin sahibi gelmiş, yanında yabancı birini getirmiş, şu kanepeden ineyim, ayaklarına sürüneyim... Maarr mırrr diye sevgi dolu sesler çıkarayım... Ne mümkün?.. Hayvan istifini bile bozmadı. Genel tavır da şöyle:

"Bu evin sahibi benim. Nur Bey'e zaten menfaat ve şartlar gereği tahammül ediyorum. O yetmezmiş gibi seni de buralarda fazla çekemem."

Üçlü kanepeden kafayı hafif kaldırıp bana öyle bakıyordu ki, tüm hissettiklerini okudum Siyami Bey'in. "Hocam, Siyami Bey beni pek sevmedi galiba," dedim. " O öyledir yavrucuummm, misafir sevmez, laubalilikten hiç hoşlanmaz. Hayatta sadece kendi keyfini düşünür bu," diye cevap verdi.

Salonun ortasındaki sehpaya ufak bir çilingir sofrası hazırlığına başladık. Yardım edip mutfaktan getir götür yapıyorum. Salona her girişimde gözlerini dikiyor ve asla ayırmıyor benden. "Ulan şu Siyami Bey'e sevgi göstereyim, en azından dostluk elimi uzatayım" diye düşündüm. Gelişimden anlamış olacak ki, hafifçe doğruldu. Sağ patiyi çeneye, sol patiyi öne doğru uzattı. Vaayy, yavşak Siyami'ye bak sen... Boksör gibi hemen gardını aldı. "Hadi bakayım, yiyorsa elini uzat da göreyim!" Fazla ısrar etmedim. Siyami Bey'den şu net mesajı aldım:

"Akıllı ol, yavşaklığa gerek yok. Samimiyeti sevmem, bir an önce zıkkımlan ve hemen siktir git evimden!"

Nur Bey'e, "Hocam biz yiyip içeceğiz de Siyami Bey'in yemeği yok mu?" diye sordum. "Haaa evet yahu," diyerek mutfağa gitti Nur Bey. Kısa bir süre yine Siyami'yle göz göze geldik. Hoca bir tabağa 200 gr kadar eski kaşar koymuş. Onları bıçakla küp küp doğramış. Siyami Bey eski kaşarı çok seviyormuş. Önüne taze kaşar konulunca hiç dokunmuyormuş. Üstelik eski kaşarı da sadece küp küp doğranırsa yermiş. Vay anam vay... Siyami Bey'in keyfine bak! Ulan bu memlekette eski kaşarın tadını bilmeyen insanlar var. Yattığı üçlü kanepenin altına, yere koyuldu kaşar tabağı. Beyefendi lütfedip inmiyor. Tam ineyim mi diye hamle yapacak, göz göze geliyoruz, vazgeçiyor. Kaşarı götürecek ama kanepedeki yerini de kapmayayım diye büyük savaş veriyor.

"Siyami hadi yesene yemeğini oğlum. Ulan sana şu parasızlıkta eski kaşar alıyorum. Tabağa doğruyorum. Önüne getiriyorum. Hâlâ kapris yapıyorsun. Ne yani, ellerimle yedirmemi mi bekliyorsun?"

Sonunda kapris galip geldi. Nur Bey tabağı yerden alıp uzandığı üçlü kanepenin üstüne koydu. O peynirini yerken Nur Bey'in oyundan sonra seyrederim diye kaydedip hazırladığı "32. Gün" programını izlemeye karar verdik. Nur Bey kendi yaptığı baklaya biraz daha sarımsaklı yoğurt hazırlamaya gitti.

"Sen anlarsın, bak bakiyim şu video nasıl çalışır?" dedi. Sağını solunu kurcaladım, sorun yok, çalışıyor. Kafamı kaldırdım. Siyami Bey'le göz gözeyiz! Tam sırası, şuna haddini bildireyim dedim.

"Ulan bana bak Siyami ibnesi. Ne ayaksın sen! Misafire saygı sevgi yok. Hürmet yok. Sen dua et, şu adam seni oğlum diye seviyor. Seni eski kaşarla doyuruyor. Bana böyle tribal enfeksiyonlu bakma! Valla bak kulağına bir sfenks atarım, aklını kaybedersin! Anladın mı lan beni!"

Beni son derece ifadesiz şekilde dinledi. Sonra tekrar kaşar tabağına yumuldu. Nur Bey mutfaktan gelince attığım fırçayı anlattım. "Boşuna yorma kendini, o yavşak Siyami kimseyi takmaz," dedi. O arada videoyu açtık. Mehmet Ali Birand'ın "32. Gün"ü başladı. Lübnan, Filistin, İsrail görüntüleri jenerikte dönerken Siyami Bey hiç kalkmadığı kanepeden birden fırladı. Evin içinde bir yere doğru gidip kayboldu.

"Abi, nereye gitti bu?"

"Yavrum üüühhh muhtemeldir ki tuvalete teşaşüre gitmiştir. İnanmazsan sessizce git bak. Bildiğin klozete oturur, öyle görür ihtiyacını."

"Yok daha neler..." diyerek peşinden sessizce süzüldüm. Gözlerime inanamadım! Klozetin kenarına tünemiş, adam bildiğin sıçıyor. "Hocam peki sifonu da çekiyor mu?" dedim. "Yok yahu, henüz o seviyeye gelemedi. Ama yakındır, onu da

SİYAMİ BEY KLOZETTE HACET GÖRÜRKEN

çözer," diye cevap verdi. Hazır tuvaletteyken şu Siyami'ye bir oyun yapayım dedim. O hiç kalkmadığı üçlü kanepenin tam ortasına yayıldım. Kollarımı, bacaklarımı olabildiğince açtım oturacak iki karış yer bulamasın diye. Bir yandan "32. Gün" izliyoruz, bir yandan da Siyami Bey'i bekliyoruz. Bakalım beyefendinin tepkisi ne olacak? Salına salına, kendinden gayet emin şekilde pıt pıt pıt salona geldi. Üçlü kanepenin tamamını gasp edişime çok bozuldu. Gitti, benim koltuğuma zıpladı. Orada yarım yatış pozisyonu aldı. Yalanıyor da yalanıyor. Arada bana bakıyor, acaba yerimden kalkar mıyım diye. Tabii paşam, yeter ki sen emret... Nah kalkarım! Daha çok yayıldım. Uzun yatış durumuna geçtim. Kafamı kolçağa yerleştirdim.

"Ne oldu lan ibne Siyami? Ne bozuluyorsun... Ben bi kere senden daha önce tanıdım bu adamı. Burası Nur Hocam'ın evi. Sen istesen de bu evde kalacağım, istemesen de. Ama seve seve... Ama sike sike... Hadi bakiiim yürrüüüü!.."

Kahkahalarımızın sönmesini bekledi. Küçük bir sessizlik oldu. Mehmet Ali Birand, Lübnan'dan Tel Aviv'e geçmekteyken... Birden koltuktan atladı. Gözümüzün içine baka baka televizyona doğru yürüdü. Patisiyle videonun stop tuşuna vurdu, videoyu kapattı. Sonra da tam videonun önüne uzunlamasına yattı. Başkası anlatsa, "Hadi ulan, o kadar da değil!" dersin. Olaya Nur Bey de tanık oldu. Geberiyoruz gülmekten. Eee, baktım vakit gece yarısını geçiyor, dışarda kar durmuş, nasıl olsa "32. Gün"ü izleyemiyoruz çünkü Siyami Bey izin vermiyor; "Hocam bana müsaade," diyerek toparlanmaya başladım. Ama Siyami Bey, insanoğluna güvenilmez, bu işte bir tezgâh olabilir düşüncesiyle videonun önündeki uzun yatışını hiç bozmadı. En nihayet palto, atkı ritüelini görünce inandı. Koridorun önüne kadar gelip çıkışımı gözlerini dikerek takip etti. Hocamla, "İyi geceler", "Üüühhh iyi geceleeerr" diyerek vedalaştık. Gitmeden şu Siyami Bey'e yine bir çift laf sokayım, yoksa gece gözüme uyku girmez diye düşündüm.

"Ulan Siyami ibnesi. Yine yaptın yapacağını... El mi yaman, bey mi yaman göreceğiz. Bu eve ikimiz fazlayız. Ya sen gideceksin bu evden ya ben."

O bakışlarında neler gördüm bilemezsiniz.

"Hadi koçum yaylaaannn! Burası benim evim ve ben misafiri hiç sevmem!"

"Kedilerin her biri farklı karakterlere sahip ve duyguları çok kuvvetli" derler, doğruymuş. Siyami Bey'le iki üç saat geçirdim. Sıradan bir Siyam kedisiyle değil, Nur Bey'in "oğlum" diye sevdiği, bir insandan daha kişilikli olan Siyami Bey'le tanıştım. Zaman içinde başka görüşmelerimiz de oldu. Ama genel tavrını hiç bozmadı:

"Rahatımı bozamam. Yerime, yatağıma, keyfime kimse karışmasın. Misafiri hiç sevmem. Bir an önce zıkkımlanın ve defolup gidin ulan evimden!"

Siyami Bey giderek sanat ve dublaj camiasında meşhur oldu. Yaşattığı anlar ve anılar dilden dile yayıldı. Bir mart ayında uzunca bir süre ortadan kayboldu. Nur Bey kahroldu. Ya çaldılar ya ölmüştür, dedik. Sonra bir gece yarısı kirli, yaralı, kırık dökük, isli, pis bir halde karargâha döndü. Sevinç gözyaşlarıyla "Tamammm!.." dedik, "Zamparalığa gittin, ya bir yerlerde düştün çıkamadın ya da dayak yedin, karizmayı çizdirdin." Yaklaşık iki sene sonra tekrar kayboldu. "Nasıl olsa zamparalığa gitmiştir, çıkar gelir," diye teselli ettik Nur Bey'i. Ama ne yazık ki asla geri dönmedi. Bu defa ya gerçekten kaçırıldı ya da öldü. Aylarca bekledi Nur Bey. Gelince evi rahat bulsun diye taşınmayı bile aylarca erteledi. Ama sonunda herkes gibi acı gerçeği kabullendi. Çok çok küçükken hayatına aldığı Siyam kedisi büyüyüp Siyami Bey olduktan bir zaman sonra aniden hayatından çıkıp gitti.

Siyami Bey sadece kedi değildi.

Bir kediden çok daha fazlası vardı onda.

O belki de kedi kılığında gezen bir âdemoğluydu.

Bir delikanlıydı, Siyami Bey'di...

Cumhuriyet'in ilk yıllarında bir yerde, bir lafla, bir cümleyle, bir şiirle komik, ders verici, müstehcen, küfür kokan bir neşriyat olursa, "Hah, bunu ancak Neyzen söyler" ya da "Bunu Neyzen yazmıştır" diye ona mal ederlermiş. Sonraları bu Can Yücel'e kalmış. Bu tür ifadeleri, "Bunu ancak Can Baba söylemiştir" diye ona yakıştıranlar oluyor zaman zaman. İşte Nur Bey de tiyatro ve dublaj sektöründe aynı cazibeyi, aynı popülariteyi yakalamış bir meslek büyüğümüzdü. Fabrikası ondan tek bir tane üretti ve kapandı. Nur Bey'in kendine özgü önemli anlarını ve de kıymetli anılarını kuşaktan kuşağa anlatmak borcumuz. Kıymetli Nur Bey'e bu vesileyle sevgi ve saygılarımı sunuyorum...

Nur Bey'in 60. doğum gününü Asmalı Mescit'te, Yakup'ta kutlamıştık. Hocaya ne hediye edelim diye düşünürken, nasıl gelişti bilmiyorum, Nur Bey'e fıkra hediye ettik. Tamamen özgün ve üstelik kendisi tarafından hayranlık ve takdirle karşılanmış bir başyapıt. Fıkra şöyle...

Nur Bey hayatında bir defa evlenmiş ve kısa süre sonra boşanmış. "Bir daha evlenmek gibi bir düşüncem yoook! Kimseyle evlenmem arkadaş," diyerek iddialı konuşmuş sağda solda. Bir gece rüyasına aksakallı bir dede girmiş. "Beni iyi dinle Nur," demiş, "büyük konuşma, tez vakitte karşına biri çıkacak, ona âşık olacak ve onunla evleneceksin." "Ulan herhalde Altınbaş'ı fazla kaçırdım, o yüzden halüsinasyon görüyorum," diye düşünmüş. Ne zaman evlilikle ilgili bir laf etse gecesinde dede rüyasına girer olmuş. "Büyük konuşma... ma... ma... ma... Yakında... da... da... da... Evleneceksin... sin... sin... sin..." Sonunda rüyasına giren gerçekleşmeye başlamış. Dublaja yeni başlayan orta yaşlı bir kadına tutulmuş. Aşk alevlenmiş ve evlenmeye karar vermişler. Nur Bey müstakbel eşine baştan açık açık konuşmuş:

"Bak yavrucuğum... Ben 60 yaşındayım, gördüğün gibi KEL'im. Sen 35'inde, hayatının baharındasın. Evlendikten sonra, senin şu yaşın, senin şu KEL'in, senin şu huyun... diyeceksen hiç evlenmeyelim."

Hanımefendi, Nur Bey'in havasına, sesine vurulmuş. Gönül ferman dinler mi?

"Hayır, asla! Seni olduğun gibi kabul ediyorum. Çok mutlu olacağız."

Sonunda evlenmişler. Günler, haftalar, aylar geçtikçe yengemizin de huyu değişmeye başlamış. Başlamış her şeye dırdır vırvır etmeye. Cicim ayları bitmiş, bokum ayları başlamış. Kadın devamlı Nur Bey'in KEL'ine oynamaya başlamış.

"Nuuurrr, sen hep böyle KEL miydin?.. Saçların ne zaman döküldü?.. Keşke kafana tupe ya da peruk taksan... Senin şimdi KEL'in üşümüştür... Senin şimdi KEL'in pişmiştir..."

Nur Bey'in kellikle ilgili bir kompleksi olmamış. "Kendimi bildim bileli KEL'dim" diyecek kadar aşmış meseleyi. Eşi, artık yabancıların da yanında Nur Bey'in KEL'inin üstüne oynamaya başlayınca tadı tuzu kalmamış, evlilikten fena bunalmış. Yine çok üzgün ve sinirli halde yatağa girmiş. Gece uykunun en ağır ve derin diliminde aksakallı ermiş dede yine rüyasına girmiş.

"Beni iyi dinle Nurrr. Yaşın ve kelin kadın tarafından hep konuşuluyor ve canın sıkılıyor. Sabah ezanından önce Emirgan Çeşmesi'ne git. Yanına bir tas ve ayna al. Ezandan sonra niyet et. Döktüğün her tas su seni beş yaş gençleştirecek... Unutma... ma... ma... ma... Beş yaş... yaş... yaş..."

Yataktan fırlayarak uyanmış. Bakmış ki hanımefendi kıçını devirmiş, mışıl mışıl uyuyor. Gitmiş, banyodan plastik bir tas ve küçük bir ayna almış, evden çıkmış. Taksiyle apar topar Emirgan Çeşmesi'ne gitmiş, çeşmenin dibine oturmuş. Sabah ezanı okunurken dileğini tutmuş. Bir elinde ayna, diğerinde hamam tası. Suyu doldurmuş, kafadan aşağı boca etmiş. Aynaya bakmış, vaayyy!.. Harbiden işe yarıyor! Her tasta beş yaş gençleşiyor, olacak şey değil! Bir tas daha, bir tas daha derken sırılsıklam olmuş ama olsun... Nur Bey 20 yaşına kadar indirmiş kendini. Üstelik saçları da var. Daha ne ister Allah'tan... Durumdan memnun. Fırından sıcak ekmek almış, evine gelmiş, yengemiz uyanmadan güzel bir kahvaltı hazırlamış. Sürpriz yapacak, evliliğini kurtaracak. Kadın uyanınca tanımamış tabii. "Evde hırsız vaaar! Sapık vaaaar!" diye ortalığı yıkacakken Nur Bey sakinleştirmiş ve olanları bir bir anlatmış. "Gördüğün gibi benim yavrucuğum, sadece bir ayrıntı var. Kel değilim ve 20 yaşındayım," demiş. Kadın, "Yahu nasıl oldu da bu adam böylesine bir mucizeyle bir anda 20 yaşına inebildi?" diye hayret etmiş. Nur Bey her şeyi anlatmış. Gece neşeli ve mutlu halde yatağa gitmişler. Nur Bey 20 yaşın verdiği enerjiyle gençlik yıllarından kalma bir performans da sergiliyor. Daha ne olsun... İşte mutluluk bu.

Sabah evin kapısı tak tak tak vurulmuş. Nur Bey kalkmış yataktan. Kapı hâlâ tak tak tak vurulurken, "Geldim ulan geldim! Zili neden çalmıyorsun yahu? Köy evi mi burası bee!" diye söylenerek kapıyı açmış. Zilin neden çalınmadığı o zaman belli olmuş. Kapıda 5 yaşında bir kız çocuğu Nur Bey'e bakıyormuş.

"Üüüühh ne var çocuuum, ne istiyorsun bakiyim sabah sabah?"

Hiç cevap yokmuş, kız çocuğu öylece bakıyormuş.

"Evladım annen baban nerde bakiyim senin? Evden mi kaçtın? Evin yolunu mu unuttun?"

Kız çocuğu içeriye doğru yürümüş.

"Nuurrr, ayol beni tanımadın mı? Aşkım ben senin karınım, ne çabuk unuttun?"

Nur Bey afallamış, şoke olmuş.

"Üüüh nasıl yani çocuuummmm!?"

"Sen dün rüyanda gördüklerini anlattın ya... Ben de gidip deneyeyim dedim. Sabaha karşı sen uyurken, hamam tasını ve küçük aynayı aldım. Taksiye atladım. Emirgan Çeşmesi'ne gittim. Sabah ezanı okunurken dilek tuttum. Kafamdan aşağı ilk tası döktüm. Baktım, 30 oldum. İki tas daha döktüm, senin gibi 20 oldum. Sonra karıkoca arasında yaş farkı biraz olmalı diye düşündüm. Bir tas daha, sonra bir tas daha... Hızımı alamamışım. 5 yaşa inince durdum. Nasıl buldun beni, güzel miyim?"

"Üüühh evladım neden buralara kadar zahmet ettin? Bir tas daha döküp ananın rahmine geri dönseydin ya!"

SADIK KARATAŞ

OKULU KİMSE SEVMEZ, OKULU HADEME SEVDİRİR

SADIĞH DAYI'YA SAYGIYLA

İnsan ömrünün en kıymetli dönemi mektep yıllarında geçiyor. Çocukluk, gençlik dönemlerinde kimi zaman semt, kimi zaman şehir değiştiriyorsun. Önceleri bu ayrılıklara üzülüyorsun. Sonra yeni insanlar tanıyınca bu defa onlardan ayrılmanın hüznü çöküyor. Okul yılları bittikten sonra hayat gailesi içinde koşuştururken geçen zaman içinde doğal olarak eski arkadaşlarının çoğuyla görüşemiyorsun ve bazılarını unutuyorsun. Pek az arkadaşını hatırlıyorsun. Belki iki üç tanesiyle zaman zaman konuşup görüşürsün, o kadar.

Belki aradan kırk sekiz yıl geçmiş... Bir gün Eskihisar'dan Yalova'ya geçmek için feribota binersin. Biri gelir yanına.

"Naber ya?"

"..."

"Tanımadın tabii, değil mi?"

"Evet, kusura bakmayın, tanıyamadım?"

"Düşün, düşün biraz yahu, ben seni hatırlıyorum."

Paul Newman'ın çok güzel bir sözü var:

"Şöhretli olmak alzheimer olmak gibidir. Herkes sizi tanır, siz kimseyi tanımazsınız."

Bir taraftan da koyun pazarlığı yapar gibi hâlâ kolunuzu sallayan adama bakarsınız, "Ulan ben bunu nereden tanıyordum?" diye.

"Sen ilkokulu Trabzon Dumlupınar'da okudun di mi?"

"Evet, doğru."

"Ben hep sobanın yanında otururdum, yanaklarım kızarırdı. Alyanak İsmail derdiniz hep bana."

Şimdi öyle deyince adamın gözlerine bakıyorum. Iı-ıhh... Mümkün değil, hafızada yok, silmişim. Yanaklara bakıyorum, hiç de al al değil.

"Tanımazsın tabii, şöhretli olmak kolay değil."

Bak sen dallamaya... Ettiği lafa bak. Yanaklarının albenisi olduğunu söylüyor ama aslında vurbenisi var, farkında değil. 48 sene önce tek özelliği sobanın yanında oturmak olan adam hatırlanmadı diye sitem ediyor, laf çakıyor.

"Ulan hıyar, ben zaten ilkokulda da en popüler öğrenciydim! Okulda okuma yazmayı öğrenen ilk öğrenci olduğum için okul müdürü önlüğümün sol tarafına kurdele taktı, sağ koluma da pazubant taktılar öğrenci başkanı diye. İlkokul birinci ve ikinci sınıf karmasıyla beşinci sınıf erkeklerini okulun arka bahçesinde futbola tövbe ettirmiştim. Ne diyorsun ulan sen!" (Diyemiyorsun tabii, ayıp olur.)

"Çok sene oldu be kardeş, iyisin inşallah. Sevgiler, hoşça kal."

Şu gerçeği kabul etmek lazım, tamam yıllar geçince insan hafızası çok şeyi siliyor. Birini hatırlayabilmeniz için o insanın bir özelliğinin olması gerek. Yoksa sadece sobanın yanında oturuyorsun diye bir özellik, bir güzellik mi bekliyorsun?

Halamın oğlu Yalçın benimle aynı yaştaydı. Okula gitmekten hep nefret ederdi. Bir gün babam Yalçın'a sordu:

"Oğlum, anladık, okuldan nefret ediyorsun. Senin istediğin okul nasıl olmalı? Olur ya, belki kimsenin aklına gelmeyen parlak bir fikrin vardır evladım. Söyle, biz de bilelim. Nasıl bir okul olursa zevkle okumaya gidersin?"

Yalçın biraz düşündü...

"Bak dayıcığım, okul dediğin sabah 10'dan öğleden sonra 5'e kadar açık olmalı. Matematik, fizik, kimya, biyoloji gereksiz ve sıkıcı. Ya kaldırılsın ya da isteyen gidip öğrensin. Öğrenci istediği saatte gelsin, istediği derse girsin, hava soğuksa okula gitmesin..."

Tam böyle devam edecekti ki, babam birden Erzurumlu Dadaş Cevdet oldu, "Ulan get, şimdi seni burada ben çırparam, sonra da askerde çavuşlar çırpar! Akıllı ol oğlum, dellendin mi sen!" diyerek Yalçın'ın hayalindeki okul projesini bitirdi.

Bizim halaoğlunun şöyle bir haklı tarafı var: Okula gitme zorunluluğu ruhunu daraltıyordu. Çoğumuz için okula gitme fikri insanı çok mutlu eden bir şey değil. İçimizden kaç kişi okula her sabah aşkla, şevkle gitti ki? Koşarak gidenler sevdiklerinden değil, geç kaldıkları için depar attı hep. Şimdi şehirdeki çocuklar daha şanslı, servisleri var.

Okul yıllarıma şöyle bir baktığımda, arkadaşlarımdan geriye yalnızca bazı isimlerin kaldığını görüyorum.

İlkokul çağından başlayarak liseyi bitirene kadar on bir yıl süren git gel... Lisenin sonuna doğru gelmişsiniz. Ondan sonra üniversite koşturması başlayacak. Hocalarımızdan biri, bir arkadaşımıza görev verdi. "Herkesin adının karşısına meslek olarak ne dedilerse yaz ve bu kâğıdı sakla kızım," dedi. (Bakın, kızın adını hatırladım, Ece Derici.) Belki saklamıştır, belki kaybolmuştur, bilemem. Elli üç kişilik kalabalık bir sınıftık. Herkes bir meslek söylüyordu:

"Doktor, mühendis, uçak mühendisi, siyasal, hukuk, maden mühendisi, kaptan, kaptan..."

"Neee iki kaptan mı? Kimmiş onlar bir göreyim."

İki arkadaşım ayağa kalktı.

"Hocam, adım İhsan Karademirler, Yüksek Denizcilik okuyup uzak yol kaptanı olacağım."

"Hocam, adım Hüseyin Rahmi Coşar, Deniz Harp Okulu'na girip deniz subayı olmak istiyorum."

Ben zaten fikrimi söylemeden arkadaşlar yüklendi.

"Hocam tiyatrocu olacak Zafer, konservatuvar!"

"Vay be, hani hiç aklımda da yoktu. İyi ki bana ilham verdiniz," dedim...

Lise yılları bittikten sonra arkadaşlarımın çoğu bir meslek sahibi oldu. Çoluk çocuğa karıştılar. İhsan uzak yol kaptanı oldu. Yıllar sonra çok daraldı ve bıraktı. "Deniz subayı olacağım," diyen Rahmi Coşar hayaline kavuştu ama yıllar sonra gencecik bir üsteğmenken bir yolcu otobüsünde hayatını kaybetti. Kötü kadere bakın, koca otobüs şarampole yuvarlandı; ortaokul ve liseden sıra arkadaşım, futbol ve bilardoda en büyük yoldaşım gitti. Hepimizin içine ateş düştü. Hâlâ aklıma gelince sevimli suratını ve genizden hırıltılı konuşmasını hatırlarım, mekânı cennet olsun.

Lise bittikten sonra bir rota şaşkınlığı yaşadım. Kafaya koydum, Hava Harp Okulu'na gireceğim.

"Haydaa! Oğlum nereden çıktı bu şimdi? Hani sen konservatuvara girecektin?"

İkisinin de sınavlarında şansımı denedim. Hava Harp Okulu maceram birinci sınavdan sonra bitti. Konservatuvar sınavına girdim. İlk sınavı kazandım. Üç gün sonra ikinci sınava girdiğimde daha az insan kalmıştık, kendime daha çok güveniyordum. Kendime olan güvenim belki de bir şekilde aşırı rahatlama getirmiş olabilir, artık o kadarını bilemiyorum.

İkinci sınavı kazanamadım. Okulda asılan kazananlar listesine bakıyorum, deli olmak işten değil. "Ulan ben nasıl kazanamam!" diyorum. Çünkü beraber sınava girdiğin insanların nasıl hazırlandığını ya da oynadığını görmüşsün. Sınav öncesi boş sınıflarda parçalarını oynayanları görüyor ya da çalışırken sesini duyuyorsun. Müthiş bir hayal kırıklığı. Yetenek sınavlarının finalinde şöyle şeyler duyuyorsun:

"Yine torpillileri aldılar."

Ama bir taraftan da diyorsun ki, "Yahu dört günde altı yüz kişi sınava girdi, Bunların yüzü için birileri torpil yapsa yüz kişinin kazanması lazım." Oysa bazen on-on iki, bazen de yirmi kişi alıyorlar, o kadar. Yoksa herkes beni yıllarca gaza mı getirdi? Belki de gerçekten iyi oyuncu olacak adam diye görmemişlerdir. "Kendime bunlarla eziyet edeceğime en iyisi savaşmayı denemek," dedim. Hayatım hep okula gitmekle geçti. İstemeden, mecburiyetten yürüdüğüm okul yollarında gittim geldim. Ama şimdi bu okulun sınavını kazanmak zorundaydım. Hayatımda ilk defa bir okulu çok sevdim. Çünkü oraya girersem istediğim mesleği yapacaktım. Hep oyunculuğa kafa yoracaktım. Sabah derse geç kalma korkusu yok, gece okul bitince eve gitme çilesi yok. Daha ne isterim...

Tam bir sene boyunca sınava hazırlandım. Normalde üç sınav parçası hazırlamam gerekiyordu. Ben bokunu çıkardım, dokuz tane hazırladım. Sınava girinceye kadar hazırladığım tiratlardan oluşan sınav giriş parçalarımı, tiyatro camiasından kim varsa, herkese bıkmadan usanmadan oynadım. Her söyleneni, her eleştiriyi dikkate aldım. Özellikle rahmetli Sevinç Aktansel Çetinok'un hakkını ödeyemem.

Sonunda sınav günü geldi çattı. Yine mahşeri kalabalık... 1930'lu yıllarda Musiki Muallim Mektebi olarak yapılmış, demirlerinde 3 M yazan, giriş merdivenlerinin hemen üstünde taşlara "konservatuvar" kazınmış hayalimdeki güzel okul, işte yine ben geldim.

Birinci sınav üç dört günde bitti. Sadece iki parçamı oynayabilmiştim. İster misin ilkinde eve göndersinler... "Öyle bir durum olursa acaba İstanbul Devlet Konservatuvarı'na mı gitsem? Şansımı bir de orda mı denesem?" derken ikinci sınav günü belli oldu. Oynamadığım yedi parça var. Acaba hangisini oynasam?.. Ya da seçimi hocalara mı bıraksam?

Sıra gelince içeri çağırdılar. Sahneye çıktım, hazırım ama kimse bana "Hadi başla," demiyor. Hocalar aşağıda benden önce giren oyuncu adayının oynadığı parça üzerine konuşuyorlar. Çaktırmadan ne konuştuklarını anlamaya çalışayım dedim, vazgeçtim. Kendi işime yoğunlaşayım diyerek ilk oynayacağım parçanın hızlıca tekrarını yaptım kafamda. Aşağıda müthiş mikrofonik ve şahane bir diksiyona sahip olan seslerin senfonisi var; Cüneyt Gökçer (Devlet Tiyatrosu Genel Müdürü), Bozkurt Kuruç (Genel Müdür Yardımcısı), Semih Sergen, Asuman

Korad (Baş Rejisör), Cihan Ünal, Lemi Bilgin, Şakir Gürzumar. Sonunda konuyu bağladılar ve Cüneyt Gökçer'in sesini kulağımın dibinde duydum. (Cüneyt Bey'de öyle bir ses vardı ki... Nasıl söyleyeyim, sanki ağzının içinde gizli bir mikrofon varmış gibi, müthiş volümlü, gürül gürül... Ankara Büyük Tiyatro'da Kral Lear'ı oynardı. Balkonda en arka koltukta bile otursanız o şahane sesi kulağınızın dibinde duyardınız hep.)

"Evet canım, şimdi bize ne oynayacaksın bakalım?"

Hiç ukalalık yapmadan, "Efendim ben mi seçeyim, siz mi seçersiniz?" dedim. Hocam Semih Sergen daha ilk karşılaşmamızda kendini gösterdi:

"Karpuz mu seçiyoruz oğlum, oyna işte ne istiyorsan."

Komisyon bu espriye gülünce bana da bir rahatlık geldi. Önce bir komedi tirat oynadım. Asuman Korad biraz fazla gülünce hoşuma gitti. Kendime hep diyorum ki, "Sakın fazla rahatlama, sonu hüsran olmasın." İkinci parçaya da girdim, ne güzel kaptırmış gidiyordum, Cüneyt Bey yine sesiyle hayatı durdurdu.

"Teşekkürler canım, bu kadarı kâfi."

Tepeden tırnağa terlediğimi ve yandığımı hissettim. Dilim damağım kurudu. Kendi aralarında mırıl mırıl konuşurlarken, doğru mu, yanlış mı yaptım bilmiyorum, birden aralarına daldım.

"Hocam özür dilerim ama bir şey söyleyebilir miyim?"

CÜNEYT GÖKÇER

Önce şaşırdılar, baktılar. Cüneyt Hocam, "Söyle canım, nedir?" dedi. "Efendim, ben geçen sene sınava girdim, ikincisinde elendim. Bu sınava tam bir yıl hazırlandım. Dokuz parçam var, ilk sınavda ikisini, şimdi de bir buçuğunu oynayabildim. İzin verirseniz hepsini sırayla oynamak isterim. Oynayamadan gidersem içimde ukde kalır," deyiverdim. Hafif bir gülümsetme yarattım gibi geldi. Genel kültürden sordular, kaç oyun seyrettin, kaç kitap okudun falan filan... "Bursa'da çocuk ve gençlik tiyatrosunda oynadım, on beş yaşımda sahneye çıktım," dedim. Biraz daha ilgilendiler gibi gelmişti ama... "Tamam canım teşekkür ederiz," dedi Cüneyt Gökçer. "Eyvahhh!" dedim, "Keşke böyle konuşmasaydım." Acaba yanlış anlayıp beni paketlediler mi? Bütün koca yılımı bu sınava verdim. Hayatımda ilk defa bir okulu deli gibi isterken şimdi sahne kenarındaki merdivenlerden inip, Cebeci'ye veda mı ediyordum? Bu akşam sınavın sonucunu beklemeden İstanbul'a mı gidecektim şansımı denemeye? Tam son basamaktan inerken hocalarıma, "İyi günler efendim," dedim. Öyle kötü olmuştum ki, hani çıkınca bir köşeye çekilip sinirden ağlayacak durumdaydım. Cüneyt Gökçer önündeki kâğıtlara bakarken kafasını hafifçe çevirdi ve hiç yüzüme bakmadan, "İyi günler şekerim, kalan parçaları da okulda oynarsın," deyiverdi!

Dışarı çıktım; kendi kendime diyorum ki, "Hoca bana kazandığımı mı söyledi, yoksa bana mı öyle geldi?" Hep kuşkular içindeyim, hem tuhaf bir mutluluk hem de kuşku var içimde. Ya son anda bir aksilik olursa... Bütün gece heyecandan uyuyamadım. Ertesi gün öğleden sonra konservatuvarın 3 M armalı demir parmaklıklarının arkasındaki cama listeyi astılar. Orada adımı görünce çok mutlu oldum. Hayatımda ilk defa kendi istediğim okula gidecek, bittikten sonra da istediğim mesleği yapacaktım.

SEMİH SERGEN DURUŞU ÜÇLÜ KOMBİNASYON
BURAK SERGEN, ZAFER ALGÖZ, ALİ DAVUTOĞLU

1981'de girdiğim konservatuvardan 1985'te mezun oldum. Şu yaşımda, "Aynı öğrencilerle tekrar dört sene okur musun?" diye sorsanız, cevabım çok net: "Seve seve..." Koşa koşa okurum ama tek şartım var. Şu anda Mamak Belediyesi olarak yıllardır gasp edilen şahane okulumu geri isterim. Burada sadece sanatçı yetiştirilmiyordu. Hangi alanda olursa olsun zekâsı herkesten farklı çalışan, yetenekleri olan, kendini geliştiren, tiyatro, opera, bale, müzik gibi sanat dallarının tamamından haberi olan kalifiye elemanlar yetiştiriliyordu.

Bu okulun sanat eğitimi veren tüm öğretmenleri kendi branşlarında birer büyük sanatçıydı zaten. Dünya çapında piyanistler, keman solistleri, obua, fagot, çello, kontrbas, flüt, timpani, aklınıza gelebilecek her enstrümanın dersini veren kişilerdi. Zaten Cumhurbaşkanlığı Senfoni Orkestrası'nda da çalıyorlardı. Operada, balede, tiyatroda muhteşem öğretmenler, muhteşem öğrenciler yetiştirdiler.

Konservatuvar işte tüm bu sanatları aynı anda bütün öğrencilere sevdiren ve öğreten bir sistemdi, gerçek bir okuldu. Parasız yatılı okuyan öğrencilerin profilini başka bir okulda bulamazdınız. 25 yaşındaki öğrenci, 10-11 yaşındaki bale öğrencileriyle beraber aynı okuldaydı. Herkesin yatakhanesi ayrıydı. Büyük erkekler, orta erkekler, küçük erkekler, büyük kızlar, lise çağındaki kızlar ve daha küçük kızlar. Özel eşyalarımız için kilitli küçük dolapların olduğu koridorda sabahlara kadar gülüp, uyuyanlardan fırça yediğimiz çok olmuştur elbette.

Kız öğrenciler için kadın öğretmen, erkek öğrenciler için erkek öğretmen her gece nöbetçi olurdu sırayla. Bazı geceler ateşi çıkan, hastalanan çocuklar olunca, sanki nöbetçi bizmişiz gibi beni ve Cico'yu uyandırırlardı. Zaten o saatlerde genelde uyumadığımızı bildikleri için hep bizi bulurlardı. Numune Hastanesi, Trafik

Hastanesi ve Ankara Tıp Fakültesi'ne gide gele neredeyse stajyer doktor gibi muamele görür olduk. Hangi hastaneye çocukları götürüyorsak, o yerde itibarımız vardı. Anasından babasından uzaktaki 10-11 yaşında çocuklar parasız yatılı okuyordu, biz de ister istemez kuzuların manevi babaları oluyorduk. Bazı geceler ufaklıklar bizim büyükler yatakhanesinin önüne gelirler, bize haber gönderirlerdi uyuyamıyoruz diye. Yavrum ne yapsın, akşam yemeğini yemiş ama yine acıkmış.

"Zafer Abi ne olur, iki dilim ekmek olsa yeter."

Onlar için mutfağa gizlice sortiler yaptığım çok oldu. Metal tabldot tepsilerine ağzına kadar zeytin, peynir, reçel ya da akşamdan kızartılmış patates, patlıcan, biber... Mutfakta ne bulduysam artık. Robin Hood gibiydim. Geceleri konservatuvar mutfağından çalıp ufaklıklara ziyafet çekiyordum. Öyle bir şöhretiniz olunca her derdi olan gelip seni buluyor elbette. Geçen onlarca yıldan sonra bazılarıyla karşılaşıyorum. Beni unutmamışlar, ne güzel... Hepsi çoluk çocuk sahibi koca insanlar olmuşlar. Ama onlarla konservatuvar geçmişimizi konuşunca çoğu şeyi hatırlıyorum ve onları sevgiyle anıyorum.

Okulun bütün erkek öğretmenleri inanılmaz karizmatik, ağırlığı ve saygınlığı olan önemli insanlardı. Hepsi temiz giyimli, ütülü pantolonlu, boyalı pabuçlu, kravatlı, şıktı. Artist gibi adamlardı demeyeceğim; zaten öyleydiler. Kadın öğretmenler de öyleydi; bilgili, görgülü, şık, zarif... Hangi bölümde olursanız olun, diğer bölümlerdeki tüm hocalara istisnasız saygı gösterilirdi. Bu insanlar öyle höt zöt yapan, bağıran çağıran, kendine zorla saygı duyulmasını bekleyen insanlar olmadılar. Saygıyı zaten hak eden, müthiş bir sanat fabrikasının büyük mühendisleriydi onlar. Hepsini saygıyla anıyorum.

Konservatuvardan arkadaşlarımla yıllar içinde, bazı zamanlarda sohbetlerimiz olur. Hocalar, komik ve enteresan özellikleri olan öğrenciler taklit edilir ve kahkahalarla yad edilir. Ama güzel okulumuzun bir adamı vardı ki, o herkesin adamı, okulun neşesi, demirbaşı, büyük efsanesiydi. 1.55 boyundaki büyük efsane Sadığh Dayı. Yani Sadık Karataş. Onu görmek için başka okullardan misafir olarak gelirler, Tiyatro bölümünde çay içerlerdi.

Hayalinizde biraz daha netleşmesi için Sadığh Dayı'nın bazı özelliklerini anlatmam lazım. Ankara Çubukluydu. Tam yöreye uygun, komik ve çok tatlı konuşurdu. Kimse onun gerçek yaşını bilmezdi. Dediklerine göre konservatuvarın ilk yıllarından beri okulda çalışıyormuş. 65 yaşında emekli olmuş ama bırakmamışlardı. Sözleşmeli işçi olarak çalışmaya devam ediyordu. Aynı zamanda kendisine biraz daha gelir getirsin diye Tiyatro bölümünde çay ocağı işletmesine izin vermişler. Okuldaki hemen hemen bütün öğretmenlerin çocukluğunu, gençliğini biliyordu. Kim olursa olsun lafını esirgemez, gülmekten yerlere yatırırdı hepimizi.

Ankara'ya Anğara, Çubuk'a Çıbığh, sigaraya cuvara, Etimesgut'a Temesut, Keçiören'e Geçiveren derdi. Markası ne olursa olsun her sigarayı içerdi. Kâğıt parayı sever, bozuk paradan kıl kapardı. Bozuk olarak 8 TL verirsen surat eder, kâğıt 5'lik verirsen yüzü gülerdi. Sadığh Dayı'nın alfabesinde "ö" harfinin yeri yoktu. Kömür diyemez komür, göz diyemez goz derdi. Paspasla saldırsın diye can atardık. "Ağıllı ol la gottek sırtın mı gidişiyo laa!" Götlek yerine gottek, ibne yerine itne derdi... *Yahşi Batı*'da oynadığım Şerif Loyd'a ilham kaynağım oldu. Ali Şen ve Sadığh Dayı karışımıydı Şerif. (Çıkartma çızmaları, çalarlar itneler!)

Sadığh Dayı'nın dört tane adamı vardı. En yaşlı arkadaşı okulda, sahnenin altında yaşayan marangoz Ahmet Dayı'ydı. Marangoz Ahmet hafif kamburdu. Ona kendi aramızda Notre Dame Ahmet derdik. Sahne altı onun hem evi hem de atölyesiydi. Hep yeraltında yaşardı.

İkinci adamı Pehlivan İzzet'ti. İzzet gençlik yıllarında çayır pehlivanıymış. Gardırop gibi bir adamdı. Giydiği en büyük boy ceketin bile kol dikişlerini patlatacak gibi dururdu. Sinagog direği gibi bir ensesi, porselen tabak büyüklüğünde elleri vardı. Özellikle kulakları çok enteresandı. Çok büyük kulakları vardı, üstelik pehlivanların kulakları zamanla kırıldığı için daha etli oluyor, bonfile gibi yani. Deli Ali'yle (Davutoğlu) bakıp gülerdik. "Ulan şu iki kulağı bize verse... Pirzola demiriyle bunlara bir kere yapıştırıcan, şnitzel gibi olur, dört kişiye rakı sofrası kurulur," derdik. İzzet Dayı öyle kuvvetliydi ki, koridorda duran saksıları kucaklayıp kaldırıp başka yere taşır, paspasla Sadığh Dayı'ya destek verirdi. Bir gün eskrim dersinden çıktık, koridorda elimizde flörelerle Malkoçoğlu gibi hallere girdik. Deli Ali coştu, svisss diye kılıcı salladı ve koca yuka ağacını pırasa gibi ortadan doğrayıverdi. "Ulan naaptın!" falan derken İzzet Dayı köşeden döndü ve cinayeti gördü. "Aneey!.. Sadığh Dayı gordüng mü çiçaa yolmuşlar!.." İhtiyar, çay ocağından seslendi, "Ulan küleşçi salağh! Çiçaaa demeyecen, çiçeee diyecen!.." dedi. Hepimizi yerden yere çaldı...

Sadığh Dayı'nın üçüncü adamı okul girişinde, müracaatta duran Vehbi Dayı'ydı. O pasaport kontrol polisiydi. Aynı zamanda misafiri gelenleri anons eder, akşamları saat 9'dan sonra dışarıdan okula gelen yatılı öğrencilerin alışveriş torbalarını kontrol ederdi. Yatılı kadronun hepsini çok iyi bildiği için, sabıkalı olanların torbalarını hemen araklar; öğrencilerin okula sigara, bira, şarap sokmasına asla izin vermez, bunları alırdı. Sınır girişinde Vehbi Dayı'ya yakalananlar da gündüzleri ona feyk anonslar yaptırır, ondan intikam alırlardı. Mesela okulda öğlen yemeği saati... Yemeği biten herkes çay kahve sigaraya çıkıyor. Ön ve arka avlu insan kalabalığıyla dolu. Vehbi Dayı'ya şüphelenmeyeceği biri gidiyor.

"Vehbi Dayı, Ferdi Özbeğen ve Ümit Besen, bu çocukları anons eder misin?"

Vehbi Dayı uyanık ya, soruyor:

"Kim la bunlar? Ben niye adlarını hiç duymadım?"

Çocuklar yemin ediyorlar.

"Vehbi Dayı ekmek mushaf çarpsın, annem ölsün yalanımız varsa. Bunların ikisi de piyanist, biri İzmir Konservatuvarı'ndan yeni geldi."

"Yaz şu kaada adlarını."

Birazdan okulun tamamında, tüm bölümlerde, yatakhanelerde, hatta Notre Dame Ahmet'in atölyesinde bile hoparlörlerden Vehbi Dayı'nın sesi duyuluyor:

"Ümüt Basen, Ümüt Basen! Ferdi Özbeeen, Ferdi Özbeeen! Ziyaretçiniz var, acele danışmaya gelin!.."

Okuldan yükselen kahkaha, alkışlar, ıslıklar... Vehbi Dayı yine tufaya düştü.

Sadığh Dayı'nın son adamı da Memet Ali'ydi. Onunla şahane bir ikiliydiler. Çata çat atışmaları, laf dalaşları sonunda paspasa hamle ve okul koridorlarında kovalamacayla biterdi.

Bu adamlar okulun bir demirbaşı gibi hiç ayrılmadılar, kuşaktan kuşağa okulda kaldılar. Ama okulun en büyük efsanesi Sadığh Dayı'ydı. Okuldan mezun olanlar, hangi bölümden olursa olsun onu kesinlikle hatırlar, çoğu da okula uğrayıp çayını içerdi.

Tiyatro bölümünü kazanmıştım. Okulda bir pazartesi günü sabahı Semih Sergen'le ilk dersimiz var. Gece dayımda kaldım, sabah erkenden atlayıp heyecanla Cebeci'deki güzel okuluma geldim. Öğrenci adayı olarak çok gelip gitmiştim ama bu defa sınavı kazanmıştım. Eğer birinci yılın sonunda okuldan kovmazlarsa oyuncu olacağım, ne güzel...

Cebeci durağında otobüsten indim. 200 metre kadar yürüdüm. Arka otoparktan devam edip konservatuvarın merdivenlerinden içeri girdim. Girişte sağdaki kantin doluydu. Okulun avlusunda, banklarda, hatta havuzun kenarında bile oturanlar, ayakta sohbet edenler, müthiş bir insan yoğunluğu... Ben de kendime bir köşe buldum, gelene gidene bakıyorum, acaba sınavda tanıştığım birilerini görebilir miyim diye. Birden yemekhanenin yanında bulunan merdivenlerin dibindeki büyük kapı açıldı. Okkalı bir küfür patladı Taş Mektep'in avlusunda.

"Gel la buraya!.. Gottek! Amına goduğumun gotteee!"

Önde bir adam... Allahım hem de ne adam, Alev Sezer! Devlet Tiyatroları'nın harika çocuğu, hayran olduğumuz abimiz, yakışıklı, şahane sesli, muhteşem yetenekli koca Alev Sezer merdivenlerden kaçarak havuzlu bahçeye indi. Arkada onu kovalayan, bembeyaz saçlı, 1.55 boyunda, ağzının kenarından hiç düşmeyen yanmış cuvara filtresiyle, elinde sopalı paspasıyla bir adam. Kopan kıyametten ortalık yıkılıyor, herkes yerlerde. Alkışlar, tezahüratlar... Sonunda Alev Sezer'den alınan sağlam bir bahşiş, sigara tazelemeyle mutlak barış sağlanıyor, sarmaş dolaş tekrar okulun içine dalıp koridordan gidiyorlar. "Vay be!" dedim, "İşte aradığım okul! İşte aradığım adamım Sadığh Dayı!"

Fazla zaman geçmeden tanıyanlar tanımayanları aydınlattı. Kuşaktan kuşağa gelen konservatuvarın neşesi Sadığh Dayı ile ilgili önden brifing alındı. Ondan dayak yemek ve küfür işitmek bir gelenekti. "Dayak yemek" dediğimi yanlış anlamayın. Elinde sopalı paspasla kovalardı. Ama asla şiddetli vurmazdı. Bir yolunu bulup dayak yemen mi lazım? Önce kaşınacaksın. Mesela yaptığı çayı, bardağı, şekeri boklayacaksın. Yıkanmış bezin üstündeki bardakların yakınına bir şey atacaksın. O zaten "Ağıllı ol la bebe, sırtın mı gidişiyo?" diye sorarsa işlem tamam. Sen önde, Sadığh Dayı arkada, kaçacaksın. Ama yaşlı başlı babayı fazla koşturmayacaksın. Mahsus yavaşlayacaksın ki seni yakalasın. Zaten elinin ayarı var, orta şiddette yapıştırıyor, kıyamıyor aslında. Kaçma olayını abartan olursa, babaya yardımcı olunuyor. Elbirliğiyle paketleyip, küçük çay ocağında kapıyı kapatıp Sadığh Dayı'ya teslim ediyorduk ki, bu da işin başka bir neşesiydi. Barışma anında miktar ne olursa olsun kâğıt para ve markası ne olursa olsun cuvara şarttı.

Bazen dayak atmaya keyfi olmazdı. O zaman daha pahalı bir yol seçmek gerekirdi. Devamlı içinde 66 geçen cümleler kurulurdu. "Buralarda 1.66 boyunda, 66 yaşında biri varmış" ya da "Kardeş tam 66 kiloyum", "66 lira param var", "66 bin liraya araba aldım." Anlamı olması gerekmez, sadece 66 derken üstüne şiddetli vurgu yapmak yeterli olurdu. Sadığh Dayı'yı eskiden tanıyanların dediğine göre 66, Sadığh Dayı'nın anasının

CİVAN CANOVA'NIN FIRÇASINDAN
SADIĞH DAYI İLE ADAMLARI VE
KONSERVATUVAR
(CİVAN CANOVA'YA TEŞEKKÜRLERİMİZLE)

mezar taşı numarasıymış. Eğer içinde 66 geçen bir şey duyarsa onu küfür olarak kabul ediyor. "Ne diyon laa amına goduğumun gotteee!.." diye ayaklanıyor. Eğer babayı böyle yumuşak yerinden yakalayıp, alçakça kızdırmayı ve dayağı göze aldıysan barışma bedeline katlanacaksın. Yine kâğıt para olacak tabii ama iki üç tane olsa daha iyi olur. Cuvara ise paket olarak tahsis edilir. Bunları göze alacaksan buyur...

Hangi bölümün, hangi sınıfın dersi olursa olsun hiç fark etmezdi, okulun cumhurbaşkanıymış gibi dokunulmazlığı vardı. Paspas ve temizlik yaparken artık filtresi bile yanmış cuvarasına, türkü mırıldanmasına kimse karışmazdı. Sahnelere, dersliklere sessizce girer, boş bardakları toplardı. İlkokulu bile bitirememişti ama Türk tiyatrosunun önemli isimleriyle beraber yıllarca gide gele oyunlara ve sınav parçalarına ustaca yorumlar yapar hale gelmişti. "Çooğh bağırıyon ooğlumm, gotünü yırtıyon. Valla dersten çağacaaan!"

Sınavlarda kim kalır, kim geçer, hemen teşhis eder, tahminlerde bulunurdu. Çoğunda da haklı çıkardı. En şaşırtıcı tarafı, neredeyse elli beş yıldır her gün okula geliyordu. Üstelik Geçiveren'den Cebeci'ye kadar, otobüs, minibüs, servis, hiçbirini kullanmadan. Enerjisine hayran olurduk. Sabah 6'da evden çıkar, okula gelir, önce çayı demler, o arada da her yeri paspasla pırıl pırıl temizlerdi. Sonra çay ocağının içine geçerdi. Ağzından hiç düşürmediği cuvarasıyla beklerken görürdük onu. Günde üç dört paket cuvara içerdi. Devamlı bardakları yıka, çay demle, çay dağıt, boşları topla, paspas yap, hem de hiç durmadan... Arada sırtı gidişenlere dayak faslı. Elli yıldan fazlası evinden daha çok okulda geçen koca bir ömür...

Sadığh Dayı her gün okula aynı kostümle gelirdi. Bin yıllık lacivert ceket, açık mavi goynek, kravat, açık yeşil süveter, alta gri pantol. Sadece hava çok soğursa gri kırçıllı paltosu ve atkısıyla dolaşırdı. Evet, üç dört paket cuvarayı içerdi ama kendi paketi hep dolu olurdu. Çünkü öğrencilerden ve hocalardan otlanırdı. Özellikle birinden tokatladığı cuvarasını yakmasını beklerdik. Yaktıktan sonra ikram ederdik. Hiç affetmeden alır, "Sonra içeceemm ğardaşlığh," diyerek kulak arkalarına roketatar mermisi gibi dizerdi hepsini.

Bir pazar günü parasız yatılı okuyan tiyatrocuları Geçiveren'deki evine gozletme (gözleme) yemeye davet etti. Taksiyle evine gittik. Yol o kadar uzun gelmişti ki, git git bitmedi. Kendi kendimize durum değerlendirmesi yaptık. İhtiyar kurt yıllardır her sabah gidiş dönüş 20 km yürüyordu. Demek ki zayıflığının ve sağlam kondisyonunun sırrı buydu.

Okuldaki üçüncü yılımızın ortalarında suratı hep asıktı. "Hayırdır Sadığh Dayı?" diyoruz, tık yok. Kovalasın, geleneksel dayağımızı yiyelim istiyoruz, hiç umurunda değil. 66 dendiğinde mermi gibi yerinden fırlayan adama bir haller oldu, yerinden bile kalkmayan birine döndü Sadığh Dayı. Sonunda içini döktü, gözleri dolu dolu:

"Oğulu daşıyacağlarmış Beşevler'e, burayı gapatacağlarmış. Hocalar bağa soyledi."

"Yok be babacığım, yok be kırbaşım, koca taş binamızı kimse elimizden alamaz, sana yalan söylemişler" dedik. Geçen zaman onu haklı çıkardı. Önce Kültür ve Turizm Bakanlığı'ndan alıp YÖK'e bağladılar, bir sonraki aşamada ise okulun taşınmasına geçildi. Bir geleneği, bir konservatuvar ruhunu kamyon kamyon Beşevler'deki o sevimsiz binaya taşıdılar. Sıralar, yataklar, dolaplar, enstrümanlar, koca koca piyanolar... Ne varsa her şeyi taşıdılar.

Önce yaşı küçük olanlar yeni binaya gitti. Yaşı büyük olan öğrenciler olarak en sona kaldık. Son kamyona kalan üç beş parça eşyamızı da attık. O kamyona Levent Conker, ben ve Cico (Cahit Çağıran) atladık. Evinden kovulmuş çocuklar gibi yeni okulumuza gittik. Utanmasak ağlayacağız. Sanki evimizden başka bir şehre, hem de hiç istemediğimiz bir yere gidiyorduk.

Hafta sonu yeni okulun yatakhanelerine yerleştik, dolapları taşıdık. Okulun diğer taraflarını gezdik. Sevimsiz, soğuk, tuhaf bir yapı işte...

Tiyatro bölümünün orta katındaki küçük bir odayı Sadığh Dayı'ya yeni çay ocağı yaptık, teşkilatını kurduk. Pazartesi sabah, yeni binamızdaki alt küçük sahnede ilk dersimiz var. Herkes tamam ama Sadığh Dayı yok. O yoksa çay yok. Muhabbet yok. Neşe yok. Gelsin ki yeni okulun ilk dayağını yiyelim, moralimiz yerine gelsin. Evini aradık okulun içindeki jetonlu telefondan. Yarım asır boyunca yaptığı gibi sabah kör karanlıkta evden çıkmış. İlk iki dersi yaptık, ders arasında baktık ki çayı demlemiş, bardakları yıkayıp kurusun diye bezin üstüne ters çevirmiş, ağzında sadece yanık filtresi kalmış cuvarası, surat allak bullak. Hiç neşesi yok. Cana gelsin, bir doğrulsun diye sataştık. Temiz bardakların yanına bir şeyler attık. "Ulan kırbaş ihtiyar, sana meydan okuyoruz! Delikanlıysan al paspasını gel lan!" dedik. Finalde son şansımız olan 66 sihirli sayısını çeşitli versiyonlarda canlandırdık ama mümkün değil, tık yok. Baktık ki kötü bir şey olmuş, hiç böyle görmemiştik. Bir cuvara ikram ettik. Onu hiç affetmedi, hemen yaktı.

"Nerde kaldın ihtiyar? Merak ettik seni, valla öldün sandık Sadığh Dayı."

Hiç unutmuyorum, cuvaradan sağlam bir nefes aldı, sandalyeden o güzel kırbaşını yavaşça kaldırdı. Gözleri dolu doluydu.

"Zabanan Geçiveren'den yola çığhtım oğula geliyorum diye. Geçiveren bayırından sallandım yorüye yorüye geldim. Ulan bi bağhtım, oğul bomboş! Yannışlığlan yine Cebeci'ye gelmişim. O saat anladım ki burası artığh yoğh. Sarıldım goca sütun daşlarına, gardaşıma sarılır gibi. Ağladım, ağladım, heç yaşımdan başımdan utanmadan."

Lafını daha bitiremeden tekrar çağlayan gibi boşalmaz mı Sadığh Dayı... Yürek dayanmaz. Ankara Devlet Konservatuvarı'nın maskotu, okulumuzun demirbaşı, Tiyatro bölümünün gülü ağlar da biz durur muyuz... Sarıldık 155 santimlik koca çınara. İşte o zaman... İşte o an... Aslında... Kültür ve Turizm Bakanlığı'ndan alınıp YÖK'e bağlanan ve böylece YOK olmaya doğru giden bir konservatuvar ruhunun, bir geleneğin bitişine ağladık.

Okuldan bizim kuşak mezun oluncaya kadar, istemeye istemeye her gün Geçiveren-Beşevler arasında gitti geldi Sadığh Dayı. "Zati sizden sonra ben de gideceeem itneler, ben burayı heç sevmedim," diye söylenirdi çoğu zaman. Bizim dönem mezun olunca dediğini yapıp okuldan ayrıldığının haberini aldık.

Yıllar sonra oyuncu arkadaşım Altan Erkekli sahip çıkmış sağ olsun. Ankara Sanat Tiyatrosu'nun çay ocağını teslim etmiş ona. Birkaç ay orada çalışmış. Bir sabah gelmeyince merak etmişler. Sonunda acı haber bomba gibi yüreklere düşmüş. Ankara'nın soğuk, puslu, jilet gibi keskin bir kuru ayazında evinden çıkıp yine yürüyerek Keçiören yokuşundan inerken buzda kayan bir inşaat kamyonunun altında kalmış Sadığh Dayı. O, 1.55'lik küçük koca çınar, çamur ve buzla donmuş asfaltta... Kar beyaz saçlarında kan, yüzünde kederli bir tebessüm... Öylece kalakalmış... Uçup gitmiş hayatımızdan...

Pek fazla gidemesem de Ankara'yı hep sevmişimdir. Belki de okulumu çok sevdiğim için şehri çok sevmişimdir, bilinmez. Ama ne zaman Cebeci'den geçsem, okulumu her gördüğümde hem mutlu olurum hem de içim burulur, kötü olurum. Konservatuvar yazan taşlara kazınmış ismimizi alçıyla doldurmuşlar. Üstünde Mamak Belediyesi yazan sevimsiz soğuk bir tabela var şimdi. Dünyanın başka yerinde olsa çoktaaan kültür ve sanat müzesi olması gereken okulun haline bakın. O şahane binanın güzelim ruhunu öldürmüşler. Ama o taş binanın içindeki ruhları görememişler.

Bir filmi baştan sona doğru hızlandırmış gibi çok şeyi hatırlatır bana konservatuvar. En son yıllar önce bir konservatuvarlılar buluşması yapmıştık. Okulun ana giriş merdivenlerinden çıkıp havuzlu bahçeye doğru yürümüştüm. Taa 1981 yılında Alev Sezer'i ve Sadığh Dayı'yı okulda gördüğüm o muhteşem anı hatırladım. İkisini de rahmetle andım. O anda Sadığh Dayı'yı elinde paspasla yine gördüm. Eğer sen de bizi görüyorsan... Hakkını helal et Sadığh Dayı... Senin evin gibi taşlarına sarıldığın okula sahip çıkamadık...

CÜNEYT GÖKÇER, KRAL LEAR ROLÜNDE

CEBECİ KURMAYLARI VE KONYA'DA ETLİ EKMEK MUHAREBESİ

Konservatuvardaki hocalarımız Devlet Tiyatroları'nın komuta kontrol ekibiydi. Genelkurmay Başkanı Cüneyt Gökçer'di. Cüneyt Hoca'yı sadece özel bir yazıda değil, ayrı bir kitapta anlatmak lazım. Devlet Tiyatroları'nın genel müdürüydü. Tam yirmi üç yıl bu makamda oturdu. Kaç hükümet geldi gitti, Cüneyt Hoca hep o makamda kaldı. Carl Ebert'in ve Mahir Canova'nın şekil verdiği muhteşem bir aktördü. Hayatı boyunca hep kralları oynadı. Hamlet, Kral Oidipus, Kral Lear, V. Henry, IV. Murat... Zaten kral gibi adamdı. Atina'da oynadığı Kral Oidipus ile Yunanistan'da sansasyon yaratmış; Bulgaristan'ın başkenti Sofya'da düzenlenen "Avrupa Ödenekli Tiyatrolar Festivali"nde Kral Lear ile festivalin en büyük aktörü olarak ödüllendirilmişti. Hep kralları oynadı diyerek hocamın hakkını yemeyelim. *Anatevka*'da oynadığı Sütçü Tevye, efsane aktör Topol'un yorumundan çok çok daha mükemmeldi.

Cüneyt Gökçer, karizmanın insanda vücut bulmuş haliydi. 1.80'in üstünde boyu, masmavi gözleri ve muhteşem sesiyle herkeste hayranlık ve saygı uyandıran bir büyük devdi. Yakışıklı adamdı. Oyun oynayacağı zaman, günler öncesinden kendini bakıma alırdı. Profesyonel futbolcu gibi kendine bakardı. Sesinin volümü ve kalitesi düşmesin diye özel şan dersleri alır, ses ve nefes egzersizleri yapardı. Uykusu, beslenmesi hep düzenliydi. Günler öncesinden rolünün ezber hatırlama provalarını yapardı. Hep çalışan ve hep çalışkan bir adamdı.

Oynadığı *Kral Lear*'ı defalarca seyrettim öğrenciyken. Büyük Salon'un en arkalarında boş bulduğumuz ikinci balkonda ya da arkada ayakta izlerdik onu. O sahneye çıkmadan önce radyofonik çıtır çıtır güzel sesli oyuncular çıkardı oyunda. Sönmez Atasoy, Atilla Olgaç, Zafer Ergin, Kenan Işık, Lemi Bilgin, Cemil Özbayer, Cihan Ünal... Hepsi TRT'den aşina olunan sesler. Sonra beklenen an gelirdi. Kral geliyor... Sahnenin en arkasından dev gibi bir aktör gelirdi; krem rengi, tığ işi uzun kostümü, bembeyaz saçları ve uzun beyaz sakalıyla... Tiyatronun da sihirbazlık gibi bir illüzyon becerisi olduğunun yaşayan en büyük deliliydi. Oynayan Cüneyt Gökçer ama daha ilk replikte birdenbire insan nasıl Kral Lear olabiliyor?..

"FRANSA VE BURGONYA BEYLERİ HUZURUMUZA ÇIKACAKLAR..."

Salonda nefesler tutulurdu hep. Öyle bir ses kalitesi ki, inanılmaz. Sanki üzerinde yaka mikrofonu varmış gibi salonun en arkasında bile olsanız, kulağınızın dibinde o şahane sesi duyardınız. Cüneyt Hoca daha çok klasikleri severdi. Çağdaş Amerikan ve İngiliz yazarlarını da çok beğenirdi. Ya sahneye koyar ya da repertuvara alırdı. Gençlik ve olgunluk döneminden başlayarak Antik Yunan, Latin ve Shakespeare oyunlarıyla yıllarca haşır neşir olduğu için oyunların tekstine çok hâkimdi. Mesela Kral Lear'ın kızlarına beddualar yağdırdığı bir sahnede ezberi unutsa bile muhteşem toparlardı. Çağdaş ya da yerli bir oyunda ezber unutulunca konuya uygun dönemsel bir uydurmayla teksti tekrar bir yerden yakalayabilirsiniz. Ama Shakespeare'den *Kral Lear* oynarken nasıl olacak? "Çabuk biri gitsin, telefona baksın," diyecek haliniz yok. Cüneyt Hoca o kadar büyük profesyoneldi ki, tekstte olmadığı halde, "Mağaralarına ateşler yağdıracağım, yıldırımlar düşüreceğim ocağına, peşime tilkiler gibi taktığın o iğrenç asalaklara dumanlar üfleyeceğim" gibi Shakespeare'in başka tragedyalarından bir replik yapıştırdı. İlerlemiş yaşına rağmen gümbür gümbür oynardı. Her ihtimale karşı suflörü Cenap sürekli teksti arkada küçük feneri ile takip ederdi. Tekst dışına çıkan replikleri görünce uyarı sinyalini almış gibi fırlar, hocaya en çok yaklaşabileceği yere kadar gelip hatırlatacak sözü yapıştırırdı sessizce:

"Kreon. Kreon'un zafer tacı..."

Hoca hemen ellerini radar gibi havaya kaldırır, oynarken suflör Cenap'a, "Tamam canım, teksti tekrar yakaladım," mesajını verir, oyuna devam ederdi.

Cüneyt Gökçer, genel müdürlüğünün yanı sıra oyunculuk, tiyatroda rejisörlük ve konservatuvarda öğretmenlik yapardı. Operayı ve klasik Batı müziğini çok iyi bilirdi. Zaman zaman opera eserlerine de eli değerdi. Çok önemli eserleri sahneye koyardı. Öğrencilerinin başka sanat dallarını da öğrenmesini isterdi. O dönemde zaten Ankara Devlet Konservatuvarı öğrencisi olmak, devletin tüm sanat kurumlarındaki gösterilerine kapıların ücretsiz açılması demekti. Cumhurbaşkanlığı Senfoni Orkestrası konserlerinden opera, bale gösterilerine, tiyatro oyunlarından yabancı elçiliklerin düzenlediği tüm sanatsal etkinliklere kadar hepsine giderdik. Okul kimliğimiz bile çok itibarlıydı. Çünkü üstünde vesikalık resmimizin ve kimlik bilgilerimizin yanı sıra, "Ankara Devlet Konservatuvarı Tiyatro bölümü öğrencisi" yazısı bulunuyordu. Bir de büyük harflerle "KÜLTÜR BAKANLIĞI" ibaresi vardı. Yeşil pasaport gibi okul kimliği, daha ne olsun...

Cüneyt Hoca operada *La Bohème* sahneye koyacaktı. Oyunun kalabalık bir kafe sahnesinde akrobat gibi garsonluk yapacak dört beş kişi istiyordu. Özellikle parasız yatılı öğrencilerini seçti. Ne şanslıyım ki, ben de vardım. Bizi opera dünyasına soktu. Başka bir sanatı sevdirdi. Hem de oyun ve provalarda figüran kaşesiyle cebimize ilk defa harçlık koydu. Cüneyt Gökçer'in yirmi üç yıllık genel müdürlüğü yaşından dolayı bitti. Bizim için daha iyi oldu. Çünkü bu, onun derslere daha çok ve erken gelmesi, bizle daha çok zaman geçirmesi demekti.

Cüneyt Gökçer Hocamız'la ilgili yazacak çok bilgi, çok anı var. Onu da kısmetse bir başka kitapta yazmak boynumun borcu... 60 yıl boyunca tiyatro sanatında oyuncu, yönetmen ve yönetici olarak hep vardı. Devlet Konservatuvarı üçüncü ve dördüncü sınıf öğrencileriyle opera kadrosunu bir araya getirdi. Ankara Devlet Operası'nda erkek koro ve ne kadar iyi dans eden genç varsa hepsini aldı. *IV. Murat* operasını sahneye koydu. Tiyatro tekstiyle operayı harmanladı. IV. Murat'ı Yaşar Esgin oynadı. Özellikle işin tiyatro bölümünü öyle güzel oynuyordu ki... Olmadığımız sahnelerde, kimseyi rahatsız etmeden kenardan izliyorduk. Şahane bir *IV. Murat* sahneledi. "Türkçe opera olmaz" diye düşünenler varsa şiddetle tavsiye ederim. Tiyatro teksti Turan Oflazoğlu'nun... Müzikleri çok güzeldi, Okan Demiriş besteci ve şef olarak orkestrayı yönetti. Ankara'da büyük bir devlet galası yapıldı. Otopark ve cadde, resmi plakalı araçlarla doldu. Oyunda rol alan herkese, "Siyah takım, gömlek, kravat zorunluluğu var," dediler. Yatılı olarak okuldan devletin öğrenciler için yaptırdığı elbiseleri, gömleği, kravatı, ayakkabıyı zimmet makbuzu imzalayarak aldık. Temsil bitiminde şık şıkıdım olduk. Cüneyt Hoca'yı bekledik. Perde kapalıyken herkese teşekkür etti. O muhteşem sesi ve karizmasıyla hepimizi sanki kutsadı. "Şimdi fuayeye geçelim," dedi. O en önden yürürken arkasında Okan Demiriş ve bütün kadro süzüldük. Devlet Opera ve Balesi ile Devlet Tiyatroları'nın gözbebeği "Büyük Salon" fuayesinde müthiş bir kalabalık vardı. Cüneyt Gökçer'in etrafında bir kalabalık oluştu. O arada Süleyman Demirel ve Bülent Ecevit'in de fuayede olduğunu söylediler, heyecanlandık. Türkiye'nin tarihinde yer almış iki önemli devlet adamı *IV. Murat*'ın galasına gelmiş ve fuayede nezaketen değil, Cüneyt Hoca'yı tebrik etmek için kalmışlardı besbelli. Fuayenin bir köşesinde VIP bölümü vardı. Kenarlarını kordonla çevirmişlerdi. Biraz yaklaştım, kalabalığın omuz aralarından gördüm nihayet. Süleyman Demirel ve Bülent Ecevit siyah büyük deri koltuklarda oturuyorlardı.

Opera ve Bale Genel Müdürü Yalçın Davran onlara doğru yaklaştı. Sanıyorum, "Hoş geldiniz efendim, Cüneyt Hoca da geliyor," gibi bir şeyler söyledi. Cüneyt Gökçer'in yanlarına yaklaşmasını beklemediler. İkisi birden ayağa kalktı. Birkaç adım attılar. Cüneyt Gökçer'i ayakta tebrik ettiler. Gerçekten çok etkilendim, müthiş bir saygı, zarafet, beyefendilik, devlet adamlığı, artık ne derseniz deyin... Cüneyt Gökçer o saygıyı hakkıyla elde etmiş büyük bir sanat adamıydı.

Konservatuvar öğretmen kadrosunu da kendi oluşturmuştu. Bozkurt Kuruç genel müdür yardımcısı, rejisör, oyuncuydu. Bozkurt Hocam'dan iki nefis performans izledim, çok iyi oyuncuydu. *Midas'ın Kulakları*'nda berberi oynamıştı. *Kafesten Bir Kuş Uçtu (Guguk Kuşu)* oyununda Jack Nicholson'dan daha iyiydi.

BAŞ REJİSÖR ASUMAN KORAD

Asuman Korad, Devlet Tiyatroları'nın başrejisörüydü. Pipo içer, caz dinlerdi; zarif, esprili, hoş anıları olan Üsküdarlı bir beyefendiydi. Bazen kaloriferler yanmazdı. Soğuktan nefret ederdi. "Böyle soğuk olur mu kardeşim! İnsan bu havada tiyatro mu çalışır! Böyle buz gibi sahnede sanat olmaz, ancak zatürre olur!" diye söylenirdi. Çantasından termometresini çıkararak sahnenin ortasına koyardı. On-on beş dakika volta atarak anlatırdı. Türkçede en sevmediği kelime "olanak", en sevdiği ise “orospuydu”. “Yahu, imkân daha güzel, söyleyin bakayım sırayla,” derdi. Bütün sınıf başlardık sırayla...

“İmkân... İmkân... İmkân...”

“Güzel, şimdi ‘olanak’ deyin.”

“Olanak... Olanak... Olanak...”

“Bak gördün mü, olanak derken sanki ağzına sıcak patates atmışsın da hemen kursağa gönderiyorsun gibi çeneniz acımadı mı? Ecevit’i çok severim ama şu ‘olanak’ var ya... Onu Türkçeye soktu, melodiyi bozdu. ‘Olanağını’ sevmedim Eco, ‘imkân’ daha iyi. Şimdi gelelim ‘orospu’ya... Gülmeyin kardeşim. Bunda gülünecek bir şey yok. ‘Fahişe’ de istersen. Ama ikisinin hem anlamı değişik hem de melodisi. Zaten fahişe para için yatan profesyonel demek. Orospu öyle değil. Zevk için de herkesle yatan demek. Şimdi sırayla söyleyin bakayım. Gülmeyin. Söyleyin kardeşim. Orospu... Orospu ... Orospu... Dolu dolu söyleyin. Heceleyin, o-ros-pu... Türkçenin en güzel kelimesi, Wagner gibi melodisi var.”

Sonra saatine bakardı. Sahnenin üstüne koyduğu termometreye de baktıktan sonra gösterirdi:

“Evet, 3 derece. 3 derecede sanat falan yapılmaz, ver bakayım defteri...”

Deftere güzel yazısıyla kendisi için ayrılmış bölüme yazardı:

"Termometreyle ölçüm yapılmış, sahnede 3 derece ısı olduğu tarafımca tespit edilmiştir. Bu koşullarda ders yapmak hastalığa davetiye çıkarmaktadır. En kısa zamanda gereken tamiratın yapılarak koşulların insani seviyeye gelmesini rica ederim."

Asuman Korad

"Ben tiyatroya rejisörlüğe gidiyorum. Siz de gidin, sıcak bir yerde oturun kardeşim," der ve çıkıp giderdi.

Türkçeyi en iyi bilen ve öğreten adamlardı hocalarımız gerçekten. Ecder Akışık, müthiş bilgili bir hocaydı. Yumuşacık, zarif bir sesi vardı. Diksiyon ve fonetik konusunda cerrah bir doktordu gerçekten. Lemi Bilgin ve Şakir Gürzumar hocaların asistanıydı. Cüneyt Hocam'ın asistanı Lemi Bilgin daha sonra uzun yıllar genel müdürlük yaptı. Cüneyt Hoca devlet işleri yüzünden bazı derslere gelemezdi. Ama Lemi Bilgin tek bir dersi bile kaçırmazdı. Şakir Gürzumar aynı zamanda Bozkurt Kuruç'un asistanıydı.

Hocalarımızın içinde en çılgın, en komik, en kızgın, en küskün, en hazırcevap, her şeyin "en"i Semih Sergen'di. "Fabrikası kapanmış" denilebilecek isimlerdendi, zaten bir tane vardı, öylesi başka da yoktu. Semih Hoca her zaman şık, temiz, tıraşlı, bakımlı, karizmatik bir adamdı. Sadece Semih Hoca değil, istisnasız erkek ve kadın tüm hocalarımız öyle şık ve bakımlıydı.

Onları kirli, boyasız ayakkabıyla, kılıksız bir hırkayla, ütüsüz bir pantolonla, kolasız bir gömlekle hiç görmedik. Okuldaki öğretmenler genelde daha sakin ders yaparlardı. Öyle bağırma çağırma hiç olmazdı. Biz de asla saygısızlık yapmazdık. Semih Hocam daha aktif ders yapardı. Sesini yükseltir, iki fırça atar, oradan fırçayı yiyenlere gülen birileri olursa onlara sıçrardı:

"Yeter ulan, bir espriye bir dakikadan fazla gülene geri zekâlı derler! Ağzını kapa ulan, o nasıl gülmek, neredeyse bağırsağın görünecek!"

Münasebetsiz konuşup ısrarla devam edenlere de "Densiz ölür, götü sakız çiğner" derdi.

Kendine özgü komik atasözleri, fırçaları, havaya girenleri itin kıçına sokup çıkarmaları, sonra ustaca gönül almaları vardı. Kinci bir adam değildi. On dakika önce sağlam fırça atar, on dakika sonra gönül alırdı. Ona hiç kızamazdık. Çünkü o, "Ben Semih Sergen'im. Benim tarzım bu. Beni böyle kabul edin, yoksa gidin, kimseye müdanam yok," diyen bir adamdı. Sabah 9'da dersi varsa, saat 8.55'te salondan içeri girerdi. Günaydın faslı sırasında herkesin tek tek ifadesini alırdı.

"Feneri nerde söndürdün makarna?"

"Nasıl hocam, anlamadım?.."

"Nerde sabahladın, onu soruyorum."

"Yok hocam, valla biraz hastayım."

"Ulan gözlerin şişenin götü gibi olmuş, Sarıyerli Semih yer mi? Yalan konuşma, doğru konuş ki ne söylemiştim diye kafan yorulmasın."

Çok âlem adamdı Semih Sergen. Tıpkı Cüneyt Hocam gibi, onun hakkında da daha çok yazacağım, söz veriyorum.

Saatine bakardı. Sesini ağız mukozasının tam damağına çakardı: "EEEET!" Aslında "EVET" derdi ama o ses bir biçimde, "EEEET" diye yankı yapar, kulağımıza öyle gelirdi. Gelemeyeceği dersi iki üç ay önceden söyler, not aldırırdı.

"Seydişehir Alüminyum Tesislerinde prömiyer var, oradaki mühendislerle oyun yapıyorum. Gaziantep'te şiir dinletim var. Eskişehir'de Yunus Emre paneli, Niğde'de dağlama (ağaç üzerine yakma) sergim var. Zafer Çarşısı'nda şiir kitaplarım için imza günüm var. 11-17 Aralık'ta yokum. Konya'da Şeb-i Arus törenleri var. Bir hafta ordayım."

Birdenbire, "Ben birkaç gün yokum," deyince sorduk:

"Hocam madem birkaç gün yoksunuz, biz de hepsine değil ama hafta sonuna denk getirip Konya'ya gelebilir miyiz?"

Önce dalga geçiyoruz sandı. Baktı ki ciddiyiz, "Tamam ama bana önceden kaç kişi geleceğinizi söyleyin, size Konya'da yatacak yer ayarlayayım," dedi.

Önümüzde daha üç dört hafta vardı. Son dersini yaptı. "Ben İstanbul'a gidiyorum, orada işlerim var. Sonra Konya'ya geçerim, görüşürüz," dedi. Tiyatro bölümünde kimler geliyor diye çağrımızı yaptık. Hiç tahmin etmiyordum ama tam yirmi yedi kişi olduk. Yirmi üç erkek, dört kız. Tiyatro bölümünün neredeyse yarısı. Semih Hocam'ın en büyük oğlu Burçak tiyatrocu değildi ama dışarıdan abimiz kontenjanıyla grup başkanımız oldu. Hocaya telefon ettik. Yirmi yedi kişinin özel bir otobüsle Konya'ya geleceğini ve iki gün konaklayacağını duyunca telefonda bir sessizlik oldu önce. "Meeehh" diye bir ses çıkardı ve hemen toparlandı. "Karayollarının misafirhanesini ayarlayacağım, gelin," dedi. Otobüse doluştuk, güle oynaya Konya'ya, hocamızı misafir ettikleri otelin önüne geldik. Hep beraber otelin ikinci katındaki büyük lobisine doluştuk. O sırada arkadaşlarıyla sohbetteydi. Hepimizi neşeyle karşıladı. Bizi tanıştırdı, kaynaştırdı. Çaylar, kahveler, her şey güzel başladı. Bir an lobideki garsonlardan biri kulağına bir şeyler söyleyecek oldu. Adamı öyle bir tersledi ki, adam neye uğradığını şaşırdı. Garson gitti, onun yerine daha kıdemli bir garson geldi. Yine hocanın kulağına fısır fısır bir şeyler okudu. Bu sefer ayağa kalktı.

"Olur mu ulan öyle şey! Bu ne saygısızlık! Nerde bakayım o?"

"Birinci katta hocam," dedi garson, boynunu büktü. Semih Hocam hızla gitti, merdivenlerden aşağıya doğru kayboldu. Tatsız bir durum var ama ne olduğunu anlamadık. Çocuklar bana hemen kaş gözle sinyal verdi:

"Fırla arkasından, ters bir durum olursa haber ver bize."

Semih Hocam'ın indiği merdivenlerden peşine seğirttim. Otelin birinci katında, sol tarafta bir oda var. Müdüriyet odası gibi, geleni geçeni görüyorsun oradan.

Otelin sahibi dört adam büyüklüğünde dev gibi bir adam. Masada dublenin dublesi quadro salata. Boynunda masa örtüsü büyüklüğünde beyaz peçetesi... Belli ki baba Pavarotti'nin iki katı olan cüsseyi eritmek için rejim yapıyor. Hem salatayı alttan eliyle destekleyerek indiriyor hem de hocaya laf ediyor:

"Böyle olmaz, senin öğrencilerin bir otobüs dolusu geldi, lobiyi doldurdu. Benim müşterilerim birazdan gelse ayakta mı kalsın yani?"

Semih hoca kızdı. Misafirine saygıdan girdi, adaptan, terbiyeden çıktı.

"Benim öğrencilerim müşteri değil mi? Çocuklar lobide yiyorlar, içiyorlar, parasını da veriyorlar. Sana ne oluyor! Bak böyle yaparsan ben de otelde kalmam, şimdi odamı boşaltırım."

Dört adamlık salataya gömülen dört adam büyüklüğündeki adam hiç istifini bozmadı. Buz gibi bir küstahlıkla kafasını salata tabağından hiç kaldırmadan, "Paşa gönlün bilir, yalvaracak değiliz," dedi, salataya yine yumuldu. Semih Hocam hırsla merdivenlerden birkaç adım attı. Önce bana, yani yaverine bir fırça kaydı:

"Sen niye geldin peşimden oğlum?.. Allah Allah ya, duydun değil mi densiz herifin dediklerini?"

Ben daha bir şey söyleyemeden tekrar geri gitti. Masa örtüsü gibi peçeteyle çenesinden akan yağları toparlayan amcaya lafını arı gibi soktu.

"Mal da yalan, mülk de yalan. Kefenin cebi yok. Hayatta hep para para para nereye kadar? Er ya da geç emrihak vaki olunca götümüze 250 gr pamuğu tıkacaklar. Paralar tabuta sığmıyor efendi!"

Oooofff öyle bir laf soktu ki... Olacak şey değil...

"Hemen boşaltın oteli çocuklar, buradan gidiyoruz, siz otobüse binin, ben de odamı boşaltıp geliyorum."

Kimse ne olduğunu anlamadı. Oteldeki diğer müşterilerin şaşkın bakışları altında hızla oteli terk ettik.

Biraz sonra Semih Hocam da bavuluyla geldi. Onu da aldık, doğru Karayolları Misafirhanesi'ne. Yolda adama ne gerekiyorsa, bildiği sinkaflarla özel bir bölüm ayırdı. Gülmekten yarılıyoruz. Neşemiz yerine geldi. Tamam işte, Semih Hocam da bizimle birlikte misafirhanede kalacak, ne güzel...

Birlikte yemek yedik, çıkıp dolaştık. Hz. Mevlânâ'nın türbesine gittik, dua ettik. Sonra Konya içinde otobüsle küçük bir gezi yaptık. Ertesi gün program daha yoğun. Sabah kahvaltı yapılacak, Semih Hocam bizi Mevlevilerle tanıştıracak, semazenlerini göreceğiz. Akşama Şeb-i Arus töreni var. Sabah Ankara'ya döneceğiz. Kahvaltıdan sonra biraz oyalandık. Hoca tutturdu, terk ettiği otele uğrayacağız. Boşalttığı odada bazı eşyaları ve kitapları kalmış. O sinirle toparlanırken unutmuş. Önce otele uğramamız lazım. Öğlene doğru otobüsümüze doluştuk, geldik tekrar otelin önüne. Yolun karşısında durduk. "Siz bekleyin, ben geliyorum," dedi, otobüsten atladı, karşıya geçti. Görüyoruz, içeri girmiyor bir türlü. Otelin önüne belboy geldi, onunla sohbet ediyorlar. Yine bana görev verdiler:

"Hocanın yaveri sensin. Allah aşkına git, bak ne oluyor?"

Otobüsten indim, ben de karşıya geçtim. Yanına geldiğimi gördü.

"Ulan Zafer, dün sen benim yanımdaydın değil mi?"

"Evet hocam."

"Adam yemek yerken dönüp ne dedim? 'Kefenin cebi yok, götümüze 250 gr pamuğu tıkacaklar' demedim mi?"

"Evet hocam, dediniz."

Bana arkadaki cama asılmış yazıyı gösterdi:

"Cenaze nedeniyle lobimiz kapalıdır. Merhumun cenazesi falanca camide öğle namazını müteakip kılınacak cenaze namazıyla filanca mezarlığa defnedilecektir."

"Aaaaa?.. Gerçek mi bu?" dedim, aptallaştım birden...

"Adamın götüne pamuğu tıkmışlar, hâlâ gerçek mi diyorsun. Ulan vallahi kendimden korktum."

Otobüse döndük, durumu anlattık. Herkes, "Hocam sizden korkulur, sizin bedduanızı almamak lazım," dedi.

Öğleden sonra programımız bitti. Bir yerlerde yemek yedik. Yemekten sonra ekipte şikâyetler başladı, "Yahu ne zaman etli ekmek yiyeceğiz?" diye. Konya'nın etli ekmeği meşhurdur. Daha önceden Konya'yı görmüş olanlar kapıştılar.

"Oranınki daha iyi..."

"Yok efendim ne alakası var? Asıl şurada yiyeceksin ki, gör etli ekmek nasılmış?"

Şeb-i Arus törenini izledik akşam. Bittikten sonra tekrar otobüse doluştuk. Hocamızı tebrik ettik. Acıkma şikâyetleri geldi. Yine etli ekmek kavgası çıktı. Sonunda Semih Hoca duruma müdahale etti.

"Ulan tamam uzatmayın, burada geç saate kadar açık lokantalar var, gider birinde yeriz."

Otobüs Konya sokaklarında lokanta ararken bir caddede bulduk. Önüne geldik, açık. İki katlı, küçük bir lokanta. Şoförümüz ve muavinimiz de geldi. Otuz kişi dükkânın iki katını da doldurduk. Herkes masalara oturdu, siparişleri verdik. Çorbalara girdik, etli ekmekleri bekliyoruz. Birdenbire lokantanın önüne üç taksi peş peşe yanaştı. Birinde sağlam kolonlar var, düdüklü tencere gibi görünüyor. İçerde sağlam bir arabesk. Sesi de açmışlar, Konya sokakları gece vakti yıkılıyor. Adamlar üç şoför ve seslerinden kafaların zurna olduğu anlaşılıyor. Kaldırımın kenarına tünediler. Aaaaa! Bira içiyorlar. Lokantanın girişinde, solda kasa var, patron orada oturuyor. Biz de dört kişiyiz, en yakın masadayız ve karşı karşıyayız. Semih Hocam'ın en büyük oğlu Burçak Abimiz sinirlendi, şakakları oynuyor. Patron hemen kasadan çıktı, kapının önündekileri uyardı, içeri girdi tekrar. Müziği biraz kıstılar. Lokantada bütün kadro sohbet halinde, bir şeyler yeniyor, bazılarının etli ekmekleri gelmiş, dünyadan haberleri yok. Semih Hocam arkalardaki masalardan birinde anlatıyor, gülüşüyorlar. Biraz sonra adamlardan biri sallanarak içeri girdi. Önce bize kıçını döndü, sonra patrona doğru eğildi. Aramızda bir metre olduğu için söylediklerini duyduk.

"Öldük acımızdan amına goyum! Ne zaman siktir olup gidecek bu ibneler?"

Patronun suratı kıpkırmızı oldu. Göz göze geldik. Adama mırıl mırıl bir şeyler söyledi, kaşıyla gözüyle uyardı. Sonra kasanın yanından çıkıp bitirimin koluna girdi. Aman abim canım abim, güzel abim diye yağlayıp ballayarak dışarı doğru götürdü kel taksiciyi. Dışarıda homur homur konuşuyorlar, patron bize "Aman abi, idare edin," bakışı attı ama yanlış adamlara attı. Burçak Abi önce saatini, sonra gözlüğünü çıkardı.

"Ben bi dışarı çıkıp bakayım bu kelin derdi neymiş..."

Haydaaa mevzuya bak, olacak iş değil! Mevlânâ etkinlikleri yapılıyor, Şeb-i Arus'a gelmişiz, dünyanın birçok yerinden bile insanlar gelmiş. Konya gibi bir kentte böyle bir olay mı başımıza gelecek? Üç sarhoş taksici bula bula bizi buldu. Burçak Abi fırlar da biz durur muyuz... Deli Ali (Davutoğlu), Sığır Burak (Sergen) ve ben de kapının önüne çıktık. Arabesk eşliğinde kaldırımda it oturuşu stiliyle çömmüşler, bira içiyorlar. Burçak Abi, "Sen bi ayağa kalksana," dedi. Kel ile beraber iki arkadaşı da ayağa kalktı.

"Siz ne terbiyesiz adamsınız, niye küfrediyorsunuz? Kime küfrediyorsunuz?"

Onlar ellerinde üç bira şişesiyle, biz de dört kişiyiz. Hani, "Kusura bakmayın," falan yok, daha da horozlanıyorlar. Hele o sıçankuyruğu gibi bıyıkları olan kel taksici en terbiyesizi, diğerleri onun yanında budaksız kereste. Eller kollar hareketlenmeye başladı, tam birbirimize sille tokat dalacağız...

"NE OLUYORRR ULAN ORADA!"

Bir anda Semih Sergen Hocam belirdi. Hepimizi ite ite içeri soktu.

"GEÇ GEÇ GEÇ YERİNE, SAKIN BANA HIK PIK ETMEYİN! HERKES YEMEĞİNİ YESİN!"

Biz süklüm püklüm masamıza geçip oturduk. Burçak Abim sinir krizleri geçiriyor.

"Ben bu keli bu akşam dövmezsem, kendimi döverim! Babam niye karışıyor yaa!"

Ben de içimden iyi ki kavga çıkmadı diyorum. Masadaki arkadaşlarımın hak edeni güzel dövmek gibi bir Ankara Anıttepe kültürü var. Tadımız kaçtı haliyle. Etli ekmek falan geldi ama yiyecek neşemiz kalmadı. Birkaç dakika sonra Semih Sergen koluna paltosunu, eline atkısını alıp kapıya doğru yürümeye başladı. "Semih Hocam kapıya doğru gidiyor beyler," dedim. Bana, "Oğlum sen hocanın yaverisin, sen de git, duruma göre bizi uyandır," dediler. "Bu yaverisin dümeni de iyi tuttu. Ben ne zaman yaveri olarak gitsem, hep bir vukuat oluyor, emin misiniz?" diye sordum. "Yahu fırlasana!" dediler bu kez. Bir baktım, Semih Hocam çömmüş vaziyetteki taksicilerin iki metre arkasında, zınk diye yanına gittim. "Sen niye çıktın, bitti mi yemek?" diye sordu. "Evet hocam, çıkıp bi sigara içeyim dedim," diye cevap verdim. Kolundaki paltoyu bana uzattı, "Şunu benim sırtıma at." Savaş zırhı gibi oturttum, hemen yakalarını kaldırdı. "Atkıyı da boynuma dola," dedi. Uzun, siyah beyaz bir atkısı vardı. Yün atkıyı da piton yılanı gibi boynuna doladım. Taksicilere doğru yürüdü. Yerde oturan kelin kıçını ayakkabısının burnuyla dürttü:

"ŞİŞŞT KEL! BAK BAKAYIM ULAN BANA!"

Kel taksici bu cürete şaşırdı önce, sonra elinde şişeyle ayağa kalktı.

"Baaa mı diyon KEL diye?"

Hocadan ilk hamle geldi:

"SENDEN BAŞKA KEL VAR MI ULAN BURADA, HIYARAĞASI!"

Bunu o kadar net söyledi ki, hani bazı laflar vardır, kavgada söylenmez deriz. Ama bu hıyarağası işin seyrini gösterdi. Lokantaya döndüm, işareti çaktım, "Gelin mevzu başlıyor!"

Semih Hocam KEL'e iyice yaklaştı. Ellerindeki bira şişelerini hiç sallamadı.

"AYIP DEĞİL Mİ ULAN, AĞZINA SAHİP OLAMIYORSUN, GÖTÜNLE İÇİYORSUN! KİMSİNİZ ULAN SİZ! KONYA'DA YAŞATMAM SİZİ TERBİYESİZ SARHOŞLAR, SİKTİRİN GİDİN LAN BURADAN!"

Adamlar bir tık vites düşürdüler, önce "Dayıı ayıp oluyor," derken... Bir baktılar ki üç dallama ellerinde üç bira şişesi...

Karşılarında Semih Sergen ve yirmi yedi öğrencisi. Bizle gelen kızlar bile kavgaya hazır. Karşılıklı hede hödö yapılırken... Semih Hoca bir hışımla bize döndü ve Malkoçoğlu gibi hepimizi geriye savurdu.

"EĞER BİR TANENİZ KAVGAYA GİRERSE, ANAM AVRADIM OLSUN DÖVERİM! SİZ BANA EMANETSİNİZ! RECEP!.. KIZLARI AL, LOKANTAYA GÖTÜR!"

Benim Sarıyerli hocam bir anda duruma hâkim oldu. Taksiciler baktılar, kır saçlı 55-60'lık bir adam tek komutuyla yirmi yedi kişiyi durduruyor, bira şişelerinin bir faydası olmayacağını anladılar; yere, kaldırım kenarına koydular. KEL başladı hafif geri vites yapmaya. Bir ara Semih Hoca yüzünü iyice yaklaştırıp iki laf daha etti. KEL tamamen sütten kesildi.

"Canım abim, benim sana terbiyesizliğim olmaz, içeri girdiğimde de küfür etmedim, valla etmedim."

Burçak Abi dayanamayıp arkadan bağırdı:

"Ulan göt! Geldin içerde küfür ettin! Dışarı geldim, utanmadan dayılandın! Şimdi niye yalan söylüyorsun, utanmadan yemin ediyorsun PUŞT!"

Bu son kalaydan sonra taksiciler tekrar kavgaya karar vermiş olacaklar ki şişeleri yine yerden aldılar. KEL, Semih Hoca'ya dedi ki:

"Abim benim senlen bi işim yok. Ben şu sakallı var ya...

(İçimizdeki tek sakallıyı, hocamın oğlu Burçak Kavukçu'yu gösterdi.) ONUN BEN ANASINI SİKİYİM!"

Semih Hocam'ın sesi forteden Konya sokaklarını yıktı:

"ULAN İBNEEEE! O BENİM OĞLUUUMMM!!!"

Bu savaş meydanında komutanın verdiği hücum emri yerine geçti. Adamlar şişelerle bize korku vereceklerini sandılar. Semih Hocam, Recep Sarı ve ona emanet edilen dört kızın dışında kim varsa bir anda üçlüye saldırdık. Bir patırtı kütürtü koptu. Uyuyan evlerden ışıklar yandı, insanlar balkonlara çıktı. Adamlar ellerindeki şişeleri yere atıp arabaları bile bıraktılar. Tabanları kıçlarına vura vura, dayağı yemenin de şokuyla Konya sokaklarında kayboldular. Semih Sergen Hocam kör karanlıkta kaybolmak üzere olan adamların ardından yine çaktı:

"ULAN KEEELLL! SENİ TESPİT ETTİM!"

Lokantacı binlerce kez özür diledi. "Şikâyetçiysen polis çağırayım abi. Aslında birini tanıyorum, iyi çocuktur ama demek sarhoştu abi," dedi. Hiçbir şikâyette bulunmadan atladık otobüse, tekrar misafirhaneye geldik. Kimsede hasar yok. Sadece Ensar Kılıç parmağını gösteriyor. "Parmağımı kıtladı ibne, ulan belki de bizden biri kıtladı, çok kalabalıktık göremedim," deyince kimsede sinir kalmadı, gül gül geberiyoruz. Semih Hoca, Burçak Abi'ye fırça attı sonunda.

"Ulan ben orda adamlarla konuşuyorum, sen niye arkadan car car bağırıp işime karışıyorsun?"

“Bırak baba ne konuşması yaa... Böyle amatörlük olur mu? Adamın burnuna beş santim yaklaşmışsın. Sana bir kafa koysa, gitti ağız burun kaş. Sen aktör adamsın, yüzünü nasıl korumazsın?”

Semih Hocam hepimizi uykuda bile güldüren cevabı verdi:

“Ulan benim adım Sarıyerli Semih! Alttan dizimi taşaklara ayarlamışım, ne konuşuyorsun sen!”

BİGA 1920 OYUNUNDAN BİR SAHNE

BİGA - 1920

1985 yılında mezun olur olmaz, Bursa ya da Adana'da iki sene staj yapma mecburiyetim vardı. Devlet dört sene parasız yatılı okutmuş, Allah razı olsun... Onun borcunu ödemek için mevzuat gereği, devletin görev verdiği yerde yarısını yaparsam, sonrasında İstanbul Devlet Tiyatroları'na tayin olacağım, kendime böyle bir hedef koymuştum. Ayrıca Bursa'ya vefa borcum var. Oranın tiyatrosunda küçükken sahneye çıktım. Ali Cengiz, Feyha Çelenk, Sevinç Aktansel Çetinok, Yalın Tolga, Macit Flordun, Kenan Işık, Tülin Oral... Bu isimler oyunculuk ve rejisörlük dışında kurslarda konservatuvar eğitimi veriyordu. Sağ olsunlar, hepsinin çok kıymetli oyuncuların yetişmesinde emeği var. Bu kurslarda yetişen oyuncular, konservatuvarlarda hiç yabancılık çekmedi. Ahmet Uğurlu, Mustafa Uğurlu, Metin Belgin, Erkan Can, Ali Sürmeli bu kurslardan çıkıp oyuncu oldu. Konservatuvara girdiğim sene genel müdürüm Cüneyt Gökçer Hocam'dı. Okuldan mezun olduğum yıl Turgut Özakman genel müdür oldu.

Cüneyt Gökçer yirmi üç yıllık görev süresince konservatuvar mezunu olan oyuncuların dışında kimseyi Devlet

Tiyatroları'na kadrolu almadı. Konservatuvar öğrencilerinin opera eserlerinde figüranlık yapması hoşuna giderdi. Ama kendi kurumunda öğrencilerin "sözsüz rol" oynamasını, yani figüranlık yapmasını da pek hoş karşılamazdı. "Yakın zamanda aynı kulisi paylaşacağınız oyuncularla aynı statüde olacaksınız. Şimdiden bir ağırlığınız olsun," derdi. Ankara Dil Tarih ve İzmir 9 Eylül mezunu olanlar için "Devlet Tiyatroları oyuncusu" olmak uzun yıllar boyunca sadece hayalden ibaretti. Ben kendi adıma bu ayrımcılığı tuhaf ve gereksiz bulurdum. Mektepli bir oyuncu olarak fikrim şimdi bile değişmedi. Oyunculuk yetenek işidir. Alaylı-mektepli meselesi de kişinin zaman içinde kendini geliştirmesiyle ilgili bir iş. Alaylı olduğu halde sonradan iki yabancı dilde oyun oynayacak yetenekte oyuncu da tanıyorum, konservatuvardan mezun olduğundan beri kırk yıldır tek bir tane kitap okumamış adam da...

Asıl büyük saçmalık neydi biliyor musunuz? Şimdi ben okullu bir oyuncuyum, kuruma girebilmem için üç basamak geçiyorum. Konservatuvara girmişsin. "İhzari" dedikleri sınav var. Sene sonunda seçtiğin parçaları oynuyorsun. Eğer seninle ilgili "yeterli aşama gösteremedi" diye bir düşünce oluşursa, okuldan atılıyorsun. Tekrar sınava girme hakkın yok. Zaten okulun giriş sınavına girme hakkı da üç defa var. Üç yıl şansını denedin, olmuyorsa sınava giremiyordun. Konservatuvar mezuniyet senesinde okulda çalışılmış büyük oyunun dışında ikili, üçlü, dörtlü blok sahneleri de oynuyorduk sahneye çıkıp. Sonra da bekliyorduk heyecanla, bakalım mezun olabilecek miyiz diye. Okuldan mezun olduğun zaman Devlet Tiyatroları'na gidiyordun, "Ben geldim," diyerek. Yetişmiş genç oyuncuya çok fazla ihtiyaç olduğu için iki ay içinde "stajyer oyuncu" olarak girebiliyordun. Tiyatroda bir yıl oyunlarda oynadıktan sonra, genel müdürün komisyon başkanı olduğu büyük bir kurmay heyetinin önünde yeniden sınava çekiliyordun. Orada, "Tamam, bu arkadaştan oyuncu olur," derlerse kadrolu oyuncusun. Stajda gösterdiği performans ve sınavda oynadığı parçalar yetersiz görülüyorsa, sanatçı kadrosuna giremezdin.

Okuldan başlayan ve kadrolu oyunculuğa kadar geçen bu sınavlar silsilesinin her basamağında hüsran ve kırgınlık yaşayanları gördüm. Onların adına da çok üzüldüm. Bir yılda okuldan gönderilmek, son sınıfta kalıp arkadaşlarından bir yıl sonra hayata başlamak ya da tiyatroda bir yıl staj yaptıktan sonra kadrolu oyuncu olamamak... Genç insanlar üzerinde müthiş bir baskı bu. Tamam, sanatçıyı bünyene alırken bu kadar titiz davranıyorsun, devamlı sınava çekiyorsun, anladık, amenna, kabul de ettik. Ama bölge tiyatrolarına ihtiyaç var diye kadın erkek kırk kişilik sınav yapıyorsun, konservatuvar mezuniyet şartı yok. İki üç tane parça hazırlanıyor, komisyonun önünde bir kere oynuyorsun. Seni beğenirlerse hemen "kadrolu sanatçı" oldun, bitti. Yahu ben dört sene okulda okudum. Beni yıllarca yetiştirdin, sahnede gördün, her sene sınava çektin, okulu bitirdim, yine sınav... Kurumunda bir senedir stajyerim, hemen bünyene almıyorsun, yine sınavdayım yani. Benim gençliğim "sınav, sınav, sınav" diye geçmiş, dışarıdan gelen adama hemen güvendin, onu bünyene kabul ettin. Bu ayıp değil mi? Sonunda Turgut Özakman'ın genel müdürlüğü döneminde Ankara Dil Tarih ve İzmir 9 Eylül mezunlarına da kurumun kapıları açıldı. Bu, meseleye fazla "konservatif" bakan bazı büyüklerimizin hoşuna gitmedi. Ama bizim genç kuşak için bir sorun olmadı. Aksine daha mutlu olduk. Batı Almanya-Doğu Almanya birleşmiş gibi bir hava oluştu kurumda. Staj yıllarımızda birlikte çok güzel oyunlar oynadık.

Bursa, bölge tiyatrosu olmasına rağmen çok çok iyi oyunculara ve teknik kadroya sahipti. Yalın Tolga ve Macit Flordun çok muhteşem aktörlerdi zaten. Aynı zamanda rejisörlük de yapıyorlardı. İngiltere'den Euan Smith diye bir yönetmen geldi. Shakespeare'den *Venedik Taciri*'ni sahneledi. Sahnenin tam ortasında bir köprü vardı, hepsi o kadar. Tamamen modern kostümlerle oynadık. Sadece Shylock klasik kostümlüydü. Yalın Tolga olağanüstü bir Shylock oynamıştı. Oyun Beatles şarkılarıyla doluydu. Her tabloya uygun bir şarkı buldu. Finalde "Let It Be" çalıyordu. Herkes oynarken çok mutluydu. Seyredenler de öyleydi. Hep dolu salonlara oynadık. Hâlâ reji anlamında aklımdan hiç çıkmayan bir işti.

Bursa staj yapılan yerleşik bölge tiyatrosu olduğu için, başka misafirlerimiz de oluyordu. Ankara'dan Nurtekin Odabaşı Abimiz geldi. Bizim ekipten bir kadro oluşturdu. *Bülbül Sesi Gibi* diye bir oyun bulmuş. "Nefis bir vodvil çocuklar, milleti gülmekten yerlere yatıracağız" iddiasındaydı.

Oyunda zengin bir aile var. Evlerinde özel bir parti veriyorlar. Dört kişilik aristokrat bir aile bunlar. Ailede bir kız, bir de erkek çocuk var. Bu aristokrat ailenin bir hobisi var: hırsızlık. Davete gelen herkesin bir şeyini çaktırmadan tokatlıyorlar. Davetliler gittikten sonra da "Herkes marifetini göstersin, kim ne çalmış, yarışalım," diyorlar.

Uzun bir zaman provalar yapıldı. Sonunda kostümlü, ışıklı, müzikli genel provaya geldik. Salonda Nurtekin Abimiz'in rejisini ve arkadaşlarımızı izleyeceğiz. Perde bir açıldı. Aman Yarabbim!.. Bütün kostümler eski çağlara ait. Lahana gibi kat kat metrelerce kumaştan kadın kostümleri, kafalarda bukle bukle peruklar. Oyunda sürekli kont, dük, düşes, lord gibi unvanları görünce Nurtekin Abim'in aklı karışmış, oyunun dönemini 200 sene önceye taşımış. Evin genç oğlunu oynayan Ali Davutoğlu'nun simsiyah saçlarını sprey boyayla sarıya boyamışlar, kontlara benzesin diye. O saçta sarı sprey nasıl tutunsun kardeşim?.. Nuri Leflef kundura boyasının siyahı kadar siyah saçları olan Deli Ali oyuna sarışın başlıyordu. Oyunun sonuna doğru saçları metalik, sarı-petrol yeşili karışımı bir şey oluyordu. Neyse ki oyunun ömrü çok uzun olmadı da herkes kurtuldu.

NURTEKİN ODABAŞI

Nurtekin Abi ve Sevgili eşi Oya Ablamız, tiyatronun tam arkasında bulunan bir evin teras katında oturuyordu. O kadar yakındı ki mesafe, terasa çıkar, sahnenin üstündeki lojman katına sesini duyururdu:

"Çocuklar bana gelin, tarhana çorbası yaptım."

Nurtekin Abi hem çok babacan hem de çok enteresan bir adamdı. Gerçekten şahane tarhana çorbası yapardı, herkesi davet ederdi, "Eve gelin oğlum. Oyundan sonra gelin, içiniz ısınsın," derdi. Ona "düdüklü yönetmen" diyorlardı. Sahnedekilere sesinin durmak istediği zaman hakem gibi boynuna astığı düdüğe asılırdı:

"Düüüüt! Nerdesin oğlum sen, geç kaldın!"

"Düüüüt!" Söylesene kızım lafını!"

"Düüüüt! On beş dakika ara."

Nurtekin Abimiz'in evde kurduğu rakı sofraları da meşhurdu. Çorba zaten işin bahanesiydi.

"Çocuklar akşam tam 8'de gelin, bekliyorum. Oya Ablanız da bekliyor, gelmezseniz kırılır, ona göre..."

"Peki abi, dört kişi geliyoruz. Ne getirelim gelirken, boş gelirsek ayıp olur."

"Yok yahu bir şey getirmeyin, evde her şey var zaten. Sadece iki büyük rakı alın, tedarikli olalım."

Başlarda yadırgamıştık ama sonra huyunu suyunu öğrenince artık kanıksamaya başladık. Kapının zilini tam 8'de çalardık. Kapıyı açar açmaz içeriye seslenirdi:

"Oooo kimler gelmiş, kimler gelmiş... Oya, bak çocuklar akşam sürprizi yapmış."

Böylece davetli oluşumuzdan Oya Abla'nın haberinin olmadığını anlıyorduk. Hemen bizi masaya oturturdu. Getirdiğimiz rakıları Oya Abla görmesin diye cilveler yapardı hep. Birinci dubleyi kalın doldurur, herkesten hızlı çakardı. İkinci dublenin ortasına kadar konuşur, anlatır, arada bize iltifatlar, meziyetlerimizi yüceltmeler... Sağlam methiyeler düzerdi. İkinci duble biter bitmez derin bir iç çekiş... Sonra da birine gözünü saplar, hiç ayırmazdı. İster istemez sorardık, "Abi ne oldu, sana bir durgunluk geldi. Bir şey mi yaptık?" derdik. Yarım saat önceki babacan abi gider, yerine başka biri sahneye çıkardı. Hepimize önce ince ince, sonra kalın kalın sataşırdı. Biz de özellikle coştururduk onu. Finali hep şöyle biterdi:

"Kalkın, siktir olun gidin lan evimden! Aktör müsünüz siz!"

Güle güle merdivenlerden inip giderdik. Ertesi gün karşılaşınca, "Çocuklar, akşam ne güzel oturuyorduk. Niye erkenden gittiniz oğlum?" derdi. Bunu söyleyince daha çok gülerdik.

"Abi biz oturuyorduk, sen kovdun bizi."

Nurtekin Abimiz'le staj yıllarımızda aynı oyunda da oynadık. Tuncer Cücenoğlu'nun yazdığı *Biga 1920*'de Mustafa Kemal Paşa'ya destek veren, kasabanın ileri gelenlerinden Hamdi Bey'i oynuyordu. Anzavur Ahmet'i Emin Gümüşkaya canlandırıyordu. Belediye başkanı, hâkim, savcı, başçavuş ve diğer kasaba protokolü tamamen bizim ekipten oluşuyordu. Hâkimi oynayan Selami Üney eski bir tiyatro sevdalısı ve şairdi. Oyunda tek bir repliği vardı:

"İmzalamasınlar efendim, bulunan imzalar bu belge için yeterlidir."

Birinci perde finalinde müthiş bir gerilim olması lazım. Mustafa Kemal yanlısı Hamdi Bey ve Anzavur Ahmet destek verelim mi, vermeyelim mi diye tartışıyor. Sonunda Hamdi Bey ve adamları sahneden çıkacak. Kaymakam ve Anzavur Ahmet final yapacak. Hâkimi oynayan Selami Üney bazı oyunlarda koltukta uyurdu. Şeker hastası sanıyorduk, meğer kalp sorunu

ANZAVUR AHMET ROLÜNDEKİ EMİN GÜMÜŞKAYA

varmış. Zaten bir iki sene sonra kalpten rahmetli oldu. Replik sırası yaklaşınca çaktırmadan uyandırırdık onu lafının söylesin diye. Gerçi herkesin yüksek perdeden konuştuğu öyle bir sahnede nasıl uyuyabiliyordu, anlamak mümkün değildi. Nurtekin Abimiz'in oyunda en çok sevdiğimiz repliği kaymakama fırça attığı bölümdü:

“Memleketimizin mümtaz evlatlarından biri, İhsan adında bir it tarafından alçakça katlediliyor. Sen kalkmış göt kadar kasabada güvenlikten bahsediyorsun efendi!”

Bazı oyunlardan önce abimize takılıyoruz:

“Abiciğim, İhsan’a ‘it’ diyorsun, kasabaya da ‘göt’. Öyle olmaz aslında, İhsan’a ‘göt’ desen daha vurgulu olmaz mı?”

Hemen itiraz ediyor tabii:

“Olur mu öyle şey, kafiyesi bozulur! Benim yanımda böyle şeyler söylemeyin, valla ezberi zor oturttum zaten!”

Nitekim bir oyunda, meşhur final sahnesinde ezberi tam oturtamadığını ispatladı hepimize. Her zaman olduğu gibi replikler tıkır tıkır işlemeye, Selami Üney uyumaya ve tansiyon yükselmeye başladı. Sıra Nurtekin Abim’in en sevdiğimiz repliğine geldi. “Memleketimizin mümtaz evlatlarından biri... İhsan adında bir GÖT tarafından alçakça katlediliyor... Sen kalkmış İT kadar kasabada... Eeeeee???” diyerek el freninin çekti ve sustu. “İt”le “göt”ün yerini karıştırdı. Sahneden çıkması lazım ki biz de peşinden gidelim ama çıkmıyor. Anzavur Ahmet sahneyi kurtarmak için daldı:

“Söyleyeceklerin bittiyse gidebilirsin Hamdi Bey.”

Nurtekin Abi sahneden çıkmayı onur meselesi yaptı birden.

"Daha söyleyeceklerim bitmedi!"

Anzavur Ahmet'i oynayan Emin Abi rolü falan unuttu, postayı koydu.

"Yeter artık, senin palavralarını dinleyemeyiz, bas git buradan!"

Anaaa iş ciddiye bindi! Nurtekin Abi ceketin bir düğmesini açtı, elini kılıftaki silaha attı. Kovboy gibi ceketi aralayıp silahı gösterdi.

"Benimle bu şekilde konuşamazsın! Hele bu mesafeden hiç affetmem!"

Hepimiz aynı anda silahına baktık. Hassiktiiir! Silahın kılıfını kemere ters takmış, silah kabzası baş aşağı duruyor. Anzavur Ahmet de dağılmak üzere. Son bir gayretle kendini toparladı.

"Şimdi elimden bir kaza çıkıcek (çıkacak da değil, ÇIKICEK)... Yıkılll!"

Ağzımızı gözümüzü zor toplayıp kulise attık kendimizi, Nurtekin Abimiz de yerlerde. Birden kulis kapısı açıldı. Uyuyan hâkim Selami Üney içeri daldı, "Yaaavvv şimdi birinci perde gerçekten bitti mi?" diye sordu. "Evet abi bitti ama biz de bittik," dedik. Onun olan bitenden zinhar haberi yok.

“Aşk olsun Zaferim, hep benim replik yaklaşınca senden bir uyarı gelirdi, niye unuttun yahu?”

“Yok be abi, unutmadım. Öyle güzel uyuyordun ki, uyandırmaya kıyamadım.”

KOCA SİNAN OYUNUNDAN BİR SAHNE

TRABZONLU KANUNİ SULTAN SÜLEYMAN

1985 yılında yitirdiğimiz çok kıymetli bir aktördü Süha Tuna. Sekiz silindirli araba motoru gibi gürül gürül sesi, kemerli burnu, çocuk saflığında altın gibi yüreği vardı. Şahane bir sahne karizmasına sahipti, çok yetenekli bir aktördü. Gelgelelim benim kuşağın fırlama güruhuyla aynı oyuna düşer, hele üstüne turneler de yaparsa, kuşaktan kuşağa anlatılan çok komik hikâyelerin kahramanı olurdu.

Bazı tiyatrocuların enteresan hobileri vardır. Midye kabuğu biriktiren, tespih, LP, taş plak, boş parfüm şişesi ya da pul toplayan, eski para kovalayan, balık tutan, ava giden, klarnet çalan, saksafonla evdekileri ve komşuları canından bezdiren, ağaç üzerine dağlama yapan... Hatta tığ ve kanaviçe işi yapan, atkı ören erkek oyuncular bile var. Ama benim tanıdığım, deli hobisi olan üç aktör var: Süha Tuna, Işık Toprak, Ergün Uçucu. Bu adamlar çok şahane aktörler oldukları gibi, aynı zamanda üç şahane marangozdurlar. Evlerindeki bir odayı ya da kömürlüğü tam donanımlı marangoz tezgâhıyla ve malzemeleriyle, yetmedi kalaslarla doldururlar. Keresteyi bakarak değil, koklayarak, damarlarını sayarak, balık seçer gibi alırlar. Ağaca âşıktırlar, el emeği göz nuru muhteşem işler yaparlar. Mesela biri küçük bir sehpa yapar, altı ayda biter ancak.

Yıllar önce Işık Toprak bir oyunumu yönetmişti. Konuyu marangozluğa getirdi. "Bir yemek odası takımı yaptım, tam iki buçuk sene sürdü," dedi. Güldük, "Yahu yapma be hocam, bir yemek odası takımı iki buçuk sene bekler mi?" dedik, cevabımızı ziyadesiyle aldık. "Evladım benim yemek odası takımı dediğim, ucuz çam ağacı ya da formikadan ibaret değil. Ben döneme uygun yemek odası takımı yapıyorum," dedi. Mevzuya dalınca bunun tam bir çılgınlık olduğuna vakıf olduk. Bu çılgın tiyatrocular, 400-500 senelik dönem mobilyalarını, para kazanmak için değil, sadece kendilerini mutlu etmek için yapıyorlardı. 16. Louis dönemine ait yemek odası takımı yapıyorlar, kolay iş değil. O dönemde hangi ağaçlar, hangi malzemeler, ne tür vernik ve cila kullanılıyor diye araştırıyorlar. O devirde çivi ya da vida diye bir şey kullanmıyorlar, tamamen "geçme" yapmaları lazım. Geçmenin ilerde gevşememesi için, ne doldurmak lazım diye düşünüyorlar. Her şeyi elleriyle, zımparalarla nakış işler gibi yapıyorlar. Aralarında hem tatlı bir rekabet hem de müthiş yardımlaşmalar var. Ankara-İstanbul arası telefonda bilgi alışverişleri yapılıyor, malzeme temini sağlanıyor.

Süha Tuna, Devlet Tiyatroları'nın bir oyununda Abdülhamid'i oynuyordu. Devletin verdiği bastonu beğenmemiş. "Ben kendi yaptığım bastonu getireceğim," demiş. Tam

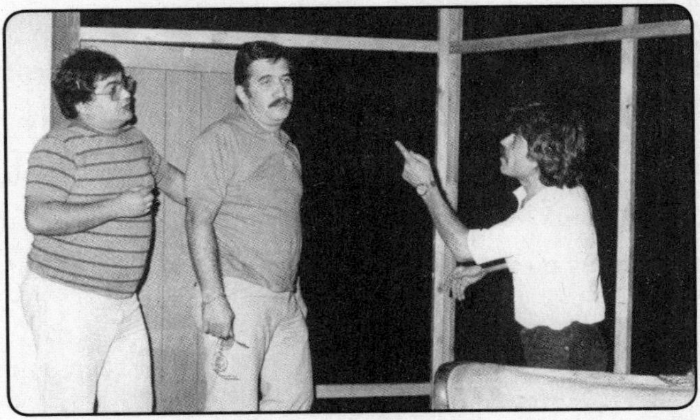

YÜCE ŞİŞMAN İSMAİL İNCEKARA, SÜHA TUNA VE ALEV SEZER

bir yıl uğraştığı, üç farklı ağaçtan geçme olarak yaptığı bastonunu getiriyor, aksesuvarcıya emanet ediyor. Prova öncesi alıp kullanıyor, hiç yanından ayırmıyor, işi bitince kilitli aksesuvar sandığına özenle koyuyor. Oyun başlıyor, baston törenle alınıyor; oyun bitince yine törenle sandığa koyuluyor. Ekipteki genç fırlama tayfası kulis sohbetlerinde hep konuyu bir biçimde bastona getiriyor. Süha Tuna da bıkmadan usanmadan bastonu, ağaç cinslerini anlatıyor da anlatıyor. Muhteşem tespih koleksiyonundan giriyor, verniklerden, tutkallardan çıkıyor. Bu kadar muhabbetten sonra Süha Baba'ya bir piçlik yapmak lazım ama nasıl? Bastonu hiç elinden düşürmüyor. Bazen sahne aralarında sigara ve tuvalet ihtiyacı olunca kısa süreli vedalaşıyor bastonuyla. Evden kimseye çaktırmadan kıl testere getiriyorlar kulise. Süha Baba'nın bastonu elden bıraktığı o kısa anlarda, sadece bir santim kısaltıyorlar. Artık ellinci oyundan sonra bastonda gözle görülür bir cücelik meydana geliyor. Ama Süha Baba hiç farkında değil. Oyuncular konuyu hep bastona getiriyorlar anlasın diye. En nihayetinde bakıyor ki, baston diz kapağı hizasına kadar gelmiş. "Ulan ben bu bastona geçme yaparken yanlış bir malzeme sürdüm galiba. Bu çekti yahu! Boyu kısaldı bunun," deyince kulis kahkahadan yıkılıyor. Çok temiz ve çocuk saflığında bir yüreği olduğu için kimseden şüphelenmiyor.

1980'li yıllarda *Koca Sinan* oyununu oynuyorlar. Haluk Kurdoğlu, Mimar Sinan'ı; Süha Tuna da Kanuni Sultan Süleyman'ı sırtlamış, döktürüyorlar sahnede. Mesut Yılmaz, Turgut Özal'ın hükümetinde Rize milletvekili, aynı zamanda Kültür ve Turizm bakanı. Trabzon'da yerleşik bölge tiyatrosunun açılışı var. Devlet Tiyatrosu, Trabzon'daki açılış gecesi için oyunu turneye götürüyor. Tüm devlet protokolü orada. Yine fırlamalar devreye giriyor, Süha Abi'yi önce gergefe, sonra da ablukaya alıyorlar. "Abiciğim Mesut Yılmaz genel müdürden rica etmiş. 'Kanuni Sultan Süleyman Trabzonluydu. Acaba bu açılış onuruna Süha Bey Karadeniz şivesiyle oynayabilir mi?' diye soruyorlar. Ne dersin, yapabilir misin? Bakanın özel kalem müdürü de bizzat söylemiş. Çok güzel bir jest olur," diyorlar. Süha Baba hiç ikiletmeden, "Ne demek efendim, benim için onurdur, emir telakki ederim," diyor. Zokayı yutunca ekipte tatlı bir neşe ve müthiş bir coşku oluşuyor. Kurulan tezgâhtan sadece Mimar Sinan'ı oynayan Haluk Kurdoğlu'nun haberi yok. Oyun alkışlarla başlıyor, önce onun olmadığı sahneler oynanıyor. Sonrasında Kanuni Sultan Süleyman tahtında, karşısında koca Mimar Sinan... Beklenen sahneye sıra geliyor. Süha Baba büyük bir ciddiyetle tahtın üstünden yardırıyor:

"Ke bagayum bura ula Sinan... Ula uşağum ne oldi? Bu camii ne zaman bitiy, de bagayim hele..."

Şimdi koca Kanuni sahneye böyle başlayınca sahnedekiler perişan oluyor! Hiçbir şeyden haberi olmayan Haluk Kurdoğlu gülmemek için ne acılar çekiyor... Kıpkırmızı oluyor, yüzünü gözünü ateş basıyor, terliyor, terliyor... Hem oynuyor hem de aralarda seyirciye arkası dönük olan Süha Baba'ya kaş göz sinyal yapıyor, "Ne yapıyorsun, delirdin mi?" diye. Sahneyi güçlükle oynayıp bitiriyor.

Süha Baba'yı kuliste yakalıyor.

"Yahu Allah cezanı vermesin, ne yapıyorsun Süha, delirdin mi oğlum? Koca Kanuni'yi niye Laz oynuyorsun?"

Süha Baba gayet ciddi şekilde açıklama yapıyor:

"Yahu Kanuni Trabzonluymuş, sayın bakanım rica etti, ben de öyle oynuyorum."

Haluk Kurdoğlu ekiptekilerle göz göze gelince durumu anlıyor hemen.

"Ulan bu hergeleler seni tufaya düşürmüş, nasıl böyle tezgâha geldin!.."

Kuliste gülmekten yıkılıyorlar. Süha Baba gençlere fırça atıyor, "Ulan yalancı ibneler, beni devlet protokolü önünde rezil ettiniz be!.." diyerek bir kırgınlık yaşıyor. Oyunun devamında ise hiçbir şey olmamış gibi pırıl pırıl İstanbul Türkçesiyle rolünü oynuyor. Çok temiz yürekli bir adam olduğu için herkesi hemen affediyor, iş tatlıya bağlanıyor. Ama işin gerçeğine bakarsak, Trabzon Devlet Tiyatrosu'nun açılış gecesinde Trabzonlu Kanuni olarak tarihe geçiyor.

Rahmetli Süha Tuna, tiyatro kulislerinde ve turnelerde konuşulan komik anıları dinler, sonrasında aşka gelir, "Ben de bir şey anlatacağım," diyerek söz alırdı. Çok enteresan bir hikâyeciydi. Çok başarılı bir aktör olmasına rağmen, iyi bir hikâye anlatıcısı değildi. Çok gereksiz yollara girer, çok gereksiz detayları hatırlamaya çalışır, anlatacağı hikâyeyi bilmeyen adama bile sorular sorardı.

"O lokantanın adı neydi? Hangi oteldi orası? O yolda mola vermiştik ya, orada çay getiren sakallı adamın adını unuttum, neydi çocuğun adı yahu?"

Zaten işin eğlenceli tarafı buydu. Önemli olan hikâyenin ne olduğu değil, Süha Baba'nın nasıl anlattığıydı bizim için. Hikâyesine başlarken önce şehir ve mekânı söyler, sonra olayın kahramanlarını fragman gibi sunardı.

"Edirne'de turnedeyiz, Kervansaray Otel'de kalıyoruz."

Aslında hikâyesinin tamamı otuz saniye. Ama prolog bir türlü bitmiyor ki ana mevzuya gelebilsin.

"Evet, Edirne'deyiz, Kervansaray Otel'de kalıyoruz. Mehmet Ali sen vardın, Musa sen yoktun, Payidar sen vardın, Nişan sen de vardın. Uğur ve Taner yoktu. Alptekin yoktu."

Bu kim vardı, kim yoktu meselesi anlatacağı anılardan daha komikti her zaman.

Yine bir gün turne anısı anlatsın diye tezgâhı kurmuşlar, arada Süha Baba'ya gel gel yapıyorlar anlatsın diye... Süha Baba dayanamayıp gelmiş, başlamış anlatmaya:

"Çocuklar Erzurum'dayız, Büyük Otel'de kalıyoruz. Şimdi bir dakika. Musa sen yoktun, Uğur sen vardın, Mehmet Ali sen de vardın. Mustafa yoktu. Payidar vardı, Cemal de vardı. Dündar yoktu. Aaaa bir dakika yaa... Eeee? Ben de yoktum yahu! Peki, ben bu olayı kimden duydum?.."

BİR EVLENME

Hiç kimse yılların tiyatrocusu Nahit Abimiz'in evleneceğine ihtimal vermemişti. Gençlik yıllarından beri neredeyse bütün arkadaş ve dost çevresi en az bir defa evlenmiş, hatta bazıları boşanıp boşanıp evlenmişti. Ama onun hiçbir zaman böyle bir niyeti ve hevesi olmamıştı. Hayatı boyunca hep tek tabanca yaşadı. Dayalı döşeli doğru düzgün bir evi de olmadı hiç. Yatacağı bir yatak, iki eski koltuk, bir sehpa, bir buzdolabı, idare eden bir çamaşır makinesi... Sahip olduğu eşya bunlardan ibaretti. Ayrıca düğün dernek, smokinler, gelinlikler, takılar tukular, baldızlar, bacanaklar, eltiler, görümceler, kayınpeder, kayınvalide, kayınçolar... Hiç mi hiç ona göre değildi. Hem neden evlensin ki? Çevresindekilerin çoğu birden fazla evlilik yapmıştı. Evlenenler bir süre sonra boşanıyorlardı. Ayrıca Nahit Abim'i hangi kadın isterdi ki?

Ferhan Şensoy ustamız, çok içen kardeşi için nefis bir tanımlama yapmıştı: "Herkes parayı yer. Benim kardeşim parayı içer." Nahit Abimiz de Ferhan Şensoy'un kardeşi gibi parayı içenler grubundaydı. Yemekle pek derdi olmazdı. Bazen iki gündür hiçbir şey yemediğini fark ederdi. Günde ortalama kırk tane bira, dört paket sigara, akşama doğru rakıya geçiş... Gece eve dönerken sekiz bira daha, uykuluk işlevi görsün diye... Evde bir şey kalmadıysa, hiç olmazsa çilek likörüyle final. Ertesi sabah yeni baştan... Tamamen likit bir yaşam. Her yaz yaptığı gibi, sezon kapanınca kendini Bodrum Gümüşlük'e attı yine. İstanbul'daki içki maratonları hiç gaz kesmeden Gümüşlük'te de aynen devam etmekteydi. Yaz aylarında sanki bira tüketimi biraz daha artmıştı. Pansiyonda yine bir sabah kahvaltıya indi. Onun kahvaltı amacı biralardan önce koruyucu bir altlık olduğu için, kızarmış bir dilim ekmek, üstüne çilek reçeli, zift gibi bir kahve yeterliydi.

"Baksana!.. Bana oradan buzzz gibi bir bira getirsene..."

Gözüne bir kadın ilişti. Sabahın köründe bira içen bir kadın... Hemen bir yakınlık hissetti ona karşı. Tanıştılar, kaynaştılar, arkadaş oldular, sonunda flört dönemi başladı. Bir haftalığına gelen kadın tatili uzattı. Nahit Abimiz'in aradığı ya da beklediği kadın buydu demek... Şimdiye kadar beraber olduğu bütün kadınlar içkisine sigarasına karışmıştı ama bu hanım farklıydı. Bonnie ve Clyde gibi birbirlerini bulmuşlardı.

Güne birayla başlıyorlar, gece rakıya dönülüyor, sonra viski, yatmadan önce yine yoğun bira kürü. İşte aşk bu olmalı! "Evet," dedi kendi kendine, "eğer evleneceksem aradığım kadın bu." Kadında ressamlık var; sanattan, sanatçıdan anlıyor. En önemlisi Nahit Abim gibi bir oyuncunun ruh halinden çok iyi anlıyor, ona hep eşlik ediyor. Sonunda romantik bir Gümüşlük gecesinde evlilik teklifini patlatıverdi Nahit Abi. Ressam abla sevindi bu teklife. Hayatının olgunluk döneminde nihayet istediği gibi bir adam bulmuştu. Teklifi mutlulukla kabul etti. Tatil bitince beraber İstanbul'a döndüler. Kadın, Nahit Abimiz'den şöyle bir istekte bulundu: Anne ve babasıyla beraber yaşıyordu, madem evlenmeye karar verilmişti, aile fertleriyle de tanışması icap ediyordu. Nahit Abi şiddetle karşı çıktı:

"Ben öyle feodal âdetlere gelemem! Çiçekle, çukulatayla, kravatla gelip alaturka bir ritüelle kız falan isteyemem..."

Müstakbel yengemiz rahatlattı onu.

"Kimsenin senden kız istemeye gel diye talebi yok. Annem ve babam aydın, ileri görüşlü insanlar. Sadece evde bir akşam yemeği yiyeceğiz, onlarla tanışacaksın. Bu insanlar damatlarını ilk defa nikâhta mı görsünler? Ayıp değil mi?"

Nahit Abim'in aklına yattı bu iş. "Tamam işte, ailesiyle evde mütevazı bir yemek yeriz ve tanışmış oluruz" diye düşündü. Beklenen tanışma yemeği günü geldi çattı sonunda. Yine de eli boş gitmeyeyim diye çiçek de yaptırdı. Erenköy'deki eve gitti. Apartmana girip kapıyı çaldı. Onu güler yüzle hemen içeriye buyur ettiler. Kayınvalideye baktı, 65-70 yaşlarında ama havalı ve bakımlı bir anne. Kayınpeder babacan görünümlü. Yeleği, kravatı, gömleğiyle tam emekli memur. Klasik "Nasılsın evladım? Eee daha daha nasılsın? Annen baban nasıllar?" faslı bitti. Küçük bir es olur ya bazı anlarda... Hani kimse konuşacak tek kelime bulamaz. İşte öyle bir boşluk anında müstakbel kayınpeder, Nahit Abimiz'e en can alıcı soruyu soruverdi:

"İçki içer misin evladım?"

Hımmmm... Nahit Abim, bu soruyu klasik bir damat sorgulama yöntemi sandı. Hiç geri vites yapmadı.

"Evet, ben ziyadesiyle içerim ve içkiyi severim efendim."

"Güzel," dedi kayınpeder, "evladım ben de içerim. Balkonda benim çilingir sofram her daim kuruludur. İstersen ikimiz oraya geçelim. Bu arada bizimkiler de akşam yemeği için sofrayı hazırlar zaten."

Nahit Abim ve tonton kayınpeder balkondaki masaya geçti. Nahit Abimiz kendini hep iyi içen biri olarak görürdü ama tonton kayınpeder de maşallah sağlam içiyordu. Sohbet, muhabbet ve tokuşturulan kadehlerle beraber kaynaştılar, iyi anlaştılar. Bir zaman sonra kayınvalide ve gelin hanım tacize başladı:

"Sofra hazıırrr, hadi buyurun yemeğe."

Bir saat içinde Nahit Abim ve müstakbel kayınpederi bir büyük rakıyı balkonda boğdu. Kadınlar sofraya her buyur ettiğinde kayınpeder giderek daha delikanlı olmaya başladı. Önceleri, "Tamam karıcığım, geliyoruz hayatım," diyen adam, rakının verdiği cesaretle daha da delikanlı olmaya başladı:

"Tamam geliyoruz be! Şurda iki kelam edemedik ulan!"

Nahit Abim hiç yoktan bir gerginlik olmasın diye daha çok

uzlaşmacı bir tavır içinde tabii. Artık kadehleri son kez vurup salona, yemeğe geçseler iyi olacaktı. Kaş göz işaretleriyle uyarı sinyalleri geliyordu kadınlar tarafından. Tam salona geçmek üzere ayaklanmışlarken tonton kayınpeder kollarını açıyor ve Nahit Abimiz'e bir baba şefkatiyle sarılıyor. Sonra kulağına fısıldıyor:

"Bak evladım, ben seni yeni tanıdım. Oturduk bir saat rakı içtik, sohbet ettik. Ben insan sarrafıyım, adamdan anlarım. Sen çok iyi bir çocuksun. Şimdi benden sana bir baba nasihati. Sakın kızımla evlenme. Sen bunların güler yüzüne bakma. Anası konkenci ve fena dırdır yapar; kızım da içmekten başka hiçbir boka yaramaz. Ressam falan da değil haa... Kendini çok önemli bir ressam sanıyor. Sen bunları yeni tanıdın. Ben kırk yıldır tanıyorum. Ben var ya ben... Bunların ciğerini bilirim. Analı kızlı tam kırk yıldır affedersin anamı siktiler. Yakma kendini yavrum, kıyma kendine evladım. Bir ay bile dayanamazsın. Söylediklerimi iyi düşün. Hadi şimdi yemeğe geçelim evladım."

Yemek boyunca Nahit Abim tonton kayınpederin söylediklerini düşündü durdu. Sonunda kendini tekrar rakının kollarına bıraktı. Evden ayrılınca takside düşündü taşındı, ölçtü tarttı. Artık çok geç diye düşündü ve evlenmekten vazgeçmedi.

Nikâh günü geldi sonunda. Gelin, damat ve şahitler masadaki yerlerini aldı.

Nikâh memuru önce geline sordu. "EVVEEET!" diye cevap geldi. Ortalık alkıştan yıkıldı. Sıra Nahit Abim'e geldi, Nahit Abim cevaptan önce tonton kayınpedere baktı. Tonton kayınpeder kaşlarını yukarı doğru kaldırarak selektör yapar gibi son uyarısını da yaptı. "Yapma evladım, etme evladım, kıyma kendine, yakma kendini" der gibiydi. Artık füze rampadan çıkmak üzereydi. Gelin kadar büyük bir coşkuyla olmasa da Nahit Abim'in de ağzından "EVET!" sözcüğü dökülüverdi.

Nikâh kıyıldıktan sonra aile fotoğrafı çekilirken, yan yana geldiler tonton kayınpederle. Önce hararetle kucaklaştılar. Kayınpeder aynı evde olduğu gibi yine kulağının dibinden fısıldadı:

"Evladım ben sana babalık yaptım, seni uyardım. Sen böyle istedin. İnşallah ben yanılırım, mutlu olursunuz."

"Peki sonra ne oldu?" derseniz...

Ne olacaktı yani? Bir ayı bile tamamlayamadan şiddetli geçimsizlik ve uyumsuzluk neticesinde tek celsede boşandılar.

Sokrates'in dediği gibi...

"Her erkek evlenmeli. Karınız iyiyse mutlu olursunuz, değilse filozof olursunuz."

Evet, Nahit Abim evlenip de aradığı mutluluğu bulamadı belki... Ama filozof olarak hayatına devam ediyor...

CLEMENS'İN SÜNNETİ

1980'li yıllarda Alanya Club İncekum Motel'de çalışıyoruz. Animasyon, eğlence, su sporları aktivitesi bize verilmiş. Müthiş eğlenceli bir ekibimiz var. Çok büyük bir otel değil. Yaklaşık 250 odası, şahane bir kumsalı ve hepsinden önemlisi, cennet gibi bahçesi olan son derece güzel bir otel. Özellikle Avrupa'dan devamlı turistler geliyor. Hafta bitince tatile gidenler evlerine dönüyor. Hafta başında ise yeni yeni turist grupları geliyor otele. Animasyon grubunda çalışıyorsan memur gibi mesai yapmıyorsun. Sabah sporu ile başlayan gündelik tatil yaşamı, gece geç saatlerde sahile sıfır plaj diskonun kapanmasıyla bitiyor.

El ayak çekilmiş... Plaj diskonun barında oteldeki personelle sohbetteyiz. Avusturya'dan Türkiye'ye tatile gelen bilgisayarcı Elke, "Yardım edin ne olur! Oğlum ölüyor!" diye feryat figan yanımıza geldi. Onunla birlikte koşarak odaya gittik. Elke tatile babası ve beş yaşındaki sapsarı oğlu Clemens'le beraber gelmişti. Elke'nin babası çaresizce torununun yanında bekliyor ama onun da elinde bir şey gelmiyor. Çocuğun çarşafında kan izleri var. Clemens acılar içinde ağlıyor, kıvranıyor. Elke'nin anlattıklarından duruma vakıf olduk. Hemen gittik, otelin doktorunu uyandırdık. Clemens'in idrarı dışarı atamama problemi var, rahat işeyemiyor. Çocuk sünnetsiz olduğu için penisin ucundaki deri parçası yapışıyormuş. Bu defa tamamen yapışıp kapattığı için idrar dışarı çıkamıyor. Çocuk çok zorlayınca da kanama yapıyor. Doktor gelip önce uyuşturucu iğne yaptı. Sonra kapanan penis derisini neşterle biraz açtı. Clemens rahatladı, çişini yaptı. Kendisiyle beraber anası ve dedesi de rahatladı tabii... Doktor, giderken Elke'ye tavsiyede bulundu:

"Çocuğa boşuna acı çektirmeyin. Sünnet olsun, ömür boyu rahat eder."

Ertesi günün sabahı Elke, babası ve küçük sarı oğlu Clemens yanımıza geldi teşekkür etmeye. Birlikte kahvaltımız yaptık. Elke, "Şu sünnet olayını bana anlatır mısınız? Nasıl bir operasyon yapılıyor? Ben hiçbir şey bilmiyorum," dedi. Sünnetin çok basit bir operasyon olduğunu, sadece Müslümanlarda değil, Musevilerde de yapıldığını, hatta Batı'da birçok Hıristiyan'ın da sağlıklı olduğu düşüncesiyle sünnet olduğunu hatırlattık. Sünnet olduktan sonra Clemens'in hayatı boyunca bir daha böyle bir sorun yaşamayacağını anlattık. "Peki," dedi, "nerede ve kime yaptıracağız sünneti?" "Şimdi bu Avrupalılara Avsallar köyünden elinde çantasıyla gelen fenni sünnetçi Hulusi Dayı'yı anlatmak ve onları ikna etmek zor olur. En iyisi otele 25 km mesafede Alanya Devlet Hastanesi var, orada yaptırırız" diye düşündük. Konuyu otel müdürü Mehmet Abi'ye anlattık. Doğal olarak otelin sahibi Muzaffer Bey'in ve Avusturyalı eşi Lote'nin de haberi oldu. Sünnet meselesi başta küçük bir kartopuydu, büyüdü, büyüdü, çığa dönüştü. Otel sahipleri kendi çocukları, kendi torunlarıymış gibi Clemens'e sahip çıktı. "Sünnet organizasyonunu bize bırakın. Ne gerekiyorsa hazırız," dediler. Elke'ye, "Oğlan nasıl olsa sünnet olmak zorunda. İzin verirseniz bizim geleneklerimize göre yapalım," dedik. Çok mutlu oldu, "Tamam," dedi. Kadın bizim kutlamaların üç gün üç gece süreceğini nereden bilebilirdi ki? Alanya'ya gittik. Çarşıdan Clemens'e sünnet kostümü aldık. Beyaz pantolon, beyaz pabuçlar, saten pelerin, önünde maşallah yazısı, kafasında tüylü prens şapkası, elinde asası... Bizim küçük sarı Clemens oldu mu sana Avusturya prensi... Clemens mutluluktan uçuyor. Yüzünden güzel gülüşü hiç eksik olmuyor. Alanya Devlet Hastanesi'nden operasyon için gün ve saat de ayarlandı. Asıl film otele gelince başladı. Deniz kenarındaki diskonun tam ortasına koca bir sünnet yatağı süslenmiş, hazırlanmış.

Akşam yemeğinde turistlere, "Yarın Clemens'in sünneti var. Alanya'ya konvoy halinde gideceğiz. Operasyondan sonra buraya geleceğiz, hep beraber eğleneceğiz, sünnet düğünü yapacağız," dedik. Biz alkış beklerken, herkesin suratı asıldı. Kendi aralarında homurdanmaya başladılar. Neyse ki sorunu anladık. Clemens'in anasını ve dedesini kandırıp çocuğu Müslüman yapacağımızı sanmışlar. Haydaaa!.. Tekrar otel doktorunu çağırdık ve operasyonun neden gerekli olduğunu anlattırdık. "Nasıl olsa mecburen sünnet olacak. Biz de bunu Türk usulü yapıyoruz, kötü bir durum yok. Beraber eğleneceğiz, bu kadar abartıp ciddiye almayın," dedik. Hem de üç dört dilde anlattık. Yüzler gülmeye başladı. Alkışlarla onay verdiler, rahatladık. Ertesi sabah, yakın köylerden süslü bir sünnet atı ile davul zurna ekibi getirttik. Ülke bayraklarıyla donatılmış otuz araçlık bir konvoyla otelin önünde toplandık. Clemens'i atın üstünde gören turistlerin gözleri doldu, ağlayanlar oldu mutluluktan.

Clemens'in sünneti önce Alanya'da sonra da Ankara'da duyuldu. Gazetelere ve televizyonlara haber konusu oldu. Hele hele Alanya ilçe girişinde Emniyet Müdürlüğü konvoyumuzu eskortlarla karşılayınca iş daha da büyüdü. Hastanenin önü, otoparkı müthiş bir insan kalabalığıyla doldu taştı. Bazıları sünneti kendi amatör kameralarıyla çekmek istedi. Doktordan izin aldık, meraklarını giderdik. Clemens'in sünneti bitti. Onu ambulansa koyup geldiğimiz konvoyun neredeyse dört katı bir izdihamla tekrar otele döndük. Almanya'dan, Avusturya'dan, İsveç'ten, Danimarka'dan, İngiltere'den bile gazeteciler gelmiş otele. Rock yıldızı gibi alkışlarla karşılanan Clemens'i süslü sünnet yatağına yatırdık. 250 odası olan motelde hiç abartmıyorum, dışarıdan gelenlerle birlikte neredeyse 1500 kişilik dev bir davetli ordusu vardı.

İncekum Motel'in yönetimi ve personeli muhteşem bir organizasyon için ellerinden gelen her şeyi yaptılar sağ olsunlar.

Her gelen Clemens'e bir şeyler veriyordu. Elbisede, kaftanda, önlükte yer kalmadığı için sünnet yatağı toplu iğnelerle tutturulmuş yüzlerce dolar, mark, Avusturya şilini, Türk lirasıyla kalın bir yorgana dönüşmüştü. Takılar, altınlar, hediyeler, saatler, saatler, saatler... Hayatımda hiçbir sünnet töreninde bu kadar çok saat görmedim. Clemens saat dükkânı açabilecek kadar çok saat sahibi olmuştu bu yaşta. Çok mutluydu. Annesinin, dedesinin yüzünde güller açıyordu. Sürekli gelen gidenin tebriklerini kabul ediyorlardı. Otelin sahibi Muzaffer Bey, otelin genel müdürü Mehmet Abimiz, kendi evlatlarının sünnetinde bile bu kadar koşturmamışlardır eminim. Dünyanın farklı ülkelerinden misafir olarak gelen bu insanlar üç gün üç gece eğlendi. Clemens'in sünnet düğününü neredeyse uluslararası bir karnavala çevirdiler. Gece otelin önünde ani bir hareketlenme oldu.

"Geliyorlar, geliyorlar, geldiler!"

Yahu kardeşim anladık birileri geliyor da acep kimler geliyor? Bizim otelin hemen yanında Orman Bakanlığı'nın kampı vardı. Kampta tatil yapan TBMM Başkanı Necmettin Karaduman geliyormuş. Akşam haberlerinde Clemens'in sünnet haberini izliyor. Hoşuna gidiyor eğlencemiz. "Hanım, biz de gidip çocuğu tebrik edelim," demiş. Gece kalkıp otele geldiler. Üstelik yalnız da değil. Yanında iki bakan, dört milletvekiliyle sünnet alanımızı ziyaret ettiler. Kimse eli boş gelmemiş. Clemens'e altınlar takıldı, kalemler ve yine saatler hediye edildi. Bol bol resimler, videolar çekildi. Üç günlük eğlence bitince Clemens normal yaşamına döndü. Acı sızı kalmadı, iki küçük bavulla geldikleri Alanya'dan tam altı bavulla döndüler. (Abartmıyorum, havaalanına kadar hepimiz eşlik ettik, o yüzden iyi biliyorum.) Eylülde bir haftalık bedava tatil hediyesiyle ayrıldılar bizden, hem de ne ayrılmak... Türk usulü sünnet töreni yaptık, onlar da Türk oldular. Zor ayrıldık birbirimizden. Clemens hiç gitmek istemedi. Boynumuza doladığı kollarını anası Elke zor ayırdı. Dedesinin elini öptük, onunla da kucaklaştık. Nasıl olsa iki ay sonra yine gelecekler diye teselli ettik birbirimizi.

Clemens o zaman beş yaşındaydı, şimdi otuzlarını geçmiş koca bir adamdır artık. Bizi kesinlikle unutmamıştır, çünkü hayatımda üç gün üç gece süren bir sünnet eğlencesini ne gördüm ne de duydum. Hâlâ Elke'nin Avusturya adresi var elimizde. Kim bilir, belki bir gün yolumuz yine kesişir. Belki de Clemens otuz yaşından sonra tekrar bir sünnet ister. Belli mi olur...

CEM YILMAZ VE ZAFER ALGÖZ YAHŞİ BATI FİLMİNDE

GÖT KİSPETTEN ÇIKINCA...

Kispet, tarihi çok eskilere dayanan, neredeyse 700 yıllık bir yağlı güreş taytı. Şimdi "pehlivan taytı" dedik diye kimse küçümsemesin. Yapımı çok zor. Giyip çıkarması daha da zor. Dana ya da malak derisinden yapılıyormuş. Üç dört kilo ağırlığı var. Oldukça kalın. Giyecek pehlivanların ölçülerine göre yapılması lazım. Öyle "Arkadaşımla ortak kullanırım" durumu yok. Evet, başta dediğimiz gibi, tam pehlivan taytı. Bacakları sımsıkı sarıyor. Öyle olması lazım. Çıplak vücuda onu geçirdikten sonra, kalın bir urgandan ibaret uçkuru bir kemer gibi düğümlüyorlar. Paçaları urganla düğümledin mi, üstünü başını, her yerini bolca yağladın mı, güreşe hazırsın. Kispetin o kadar iyi oturması lazım ki, güreşi kaybetmene sebep olmasın. Çünkü affedersiniz güreş tutarken –hafazanallah– birdenbire götünüz mehtap gibi dışarı çıkarsa kispetten sıyrılıp, güreşi kaybettiniz demektir.

2009 yılında *Yahşi Batı* filmini çekiyorduk. Cem Yılmaz'la beraber yağlı güreş sahnemiz vardı. Filmi izleyenler hatırlar, Şerif Lloyd ve Aziz Vefa'nın çayır güreşini. Günler öncesinden gelip belden aşağımızın ölçülerini santim santim aldılar. Kispeti tek başına giymek çok çok zor. Neredeyse imkânsız. Birinin yardımcı olması şart. Büyük, derin ve silme zeytinyağı dolu bir leğene kispeti daldırıyorsun. Kispet yağı emdikçe yumuşuyor ama yine de çok ağır. İçini de iyice yağlıyorsun. Ayak bileklerinden yavaş yavaş içine girip, belinden tutup yukarı doğru çekiyorsun. Sanki beş altı kilo ağırlığında kalın bir taytı vücudunuza geçirmeye çalışıyorsunuz. En zor kısmı, kispetin kasıklardan geçtiği an. Kadın olsan mesele yok, ama adamı erkek olduğuna pişman ediyor. Affedersiniz takım taklavat ne varsa dümdüz antrikot gibi bir değişime uğruyor.

Çekimde bizim sahnede güreşen çocukların hepsi çayır güreşinde meydanlarda el ense çekmişler, işi biliyorlar. İşin ritüelini, güreş oyunlarını anlatıyorlar. Bize güreş oyunları düzenliyorlar çekimde yapalım diye. Ama tuhaf olan ne biliyor musunuz? Güreşçilerle provada her şey güzel güzel işlerken, kayıt sırasında asla tuş olmuyorlar. Cem Yılmaz'ın çocuğu yenip finalde Şerif'le kapışması lazım.

"Oğlum yenilsene!"

"Ben yenilmemmm..."

Haydaaa... Sonunda Cem, başpehlivan olanına durumu anlattı. Neyse ki, bunun bir film olduğunu, filmde rol icabı yenilen pehlivanlar olması gerektiğini anladılar. Güle oynaya çekimi bitirdik. Başpehlivan olan çocuk, Kırkpınar efsanesi Ahmet Taşçı'yı yenip şampiyon olmuş. Gardırop gibi delikanlı.

Eller tenis raketi gibi. 1.90 da boy var. "Merhaba abi," diye elini sıkarsa yandın. Mengene gibi... İnsanın beynine kısa bir süre kan gitmiyor, az daha sıksa bilinç kaybı yaşarsın. Öyle sıkı kuvvetli. Yağlı güreşte kurallar, taktikler, fauller nelerdir, peşrev nasıl çekilir; el ense nasıl yapıştırılır; biz sordukça anlatıyor sağ olsun. Arada ellerine bakıyorum. "Ulan bu bana bir el ense çekse ya boz bulanık sıçarım ya da kesin ölürüm" diyorum.

Ben de kispet meselesine şuradan daldım... Bazı güreşlerde pehlivan rakibinin arkasına geçiyor, elini kispetten içeri daldırıyor. Şimdiiii... İçinde don olmadığına göre, bu adam elini nereye daldırıyor? Yani yanlış anlamayın ama rakibini dübürden parmaklayarak mı kaldırıyor? Kavga çıkmıyor mu? "Hiç öyle şey olur mu abi... Er meydanında adamı vururlar!" dedi ve anlattı:

"Elini kispetten içeri daldırıyor ama yatay olarak. Sonra içerde yumruk yapıyor. Böylece belindeki yağlı urgandan yapılmış uçkur belinden kasıklarına kadar iyice sıkıştırıyor. İki beden küçük kıspet giymiş gibi acı çekiyorsun. Nefes alman zorlaşıyor. Sonrasında adamın üstüne iyice yüklenip diğer kolunla da rakibin ensesine basarsan nefes alması daha da zorlaştığı için gücü tükenir. Çevirip yüklenirsen tuş olur, göbeği gökyüzüne doğru gösterir, açık düşürürsen güreş biter. Kural dışı değil, herkes rakibine yapabilir. "Vay canına be!.." dedik.

Çayır güreşi gerçekten zor iş, fena yorucu. Minderdeki gibi hiç değil. Başpehlivanın anlattıklarından yola çıkıp set arasında "yağlı güreş" konulu küçük bir workshop yaptık. Cem Yılmaz, ben, Can Hoca (Yılmaz), Özkanım (Uğur), Demet Evgar, Ozan Güven ve tabii ki sesçilerin kralı Levent İntepe... Levent olmazsa olmaz. Yine durdu durdu, engin tevazusuyla bir laf etti:

"Babacımmm bunlarda böyle vücut olduğuna bakmayın. Kof bunlar. Alayı koftimajör..."

Can Hocam hemen itidale davet etti:

"Levo akıllı ol. O kof dediğin adamlar kemiklerini kırar senin."

Levent hemen vitesi beşten üçe aldı.

"Aaa ben de en büyük olanlarını demiyorum, orta desteden birini rahat yerim. Her türlü..."

Bize de eğlence çıktı tabii. Yenersin yenemezsin... Cem Yılmaz devreye girdi.

"Tamam lan, orta desteyi boş ver. Bak şurada duran 1.60'lık pehlivana iki buçuk dakika bile dayanamazsın. Var mısın iddiaya?"

Ozanım hemen çocuğun adını koydu, iddiaya girildi. Cem Yılmaz, 1.60'lık küçük pehlivanı alıp getirdi.

"Hadi pehlivanım, göreyim seni. Ne gerekiyorsa..."

Levent beline kadar gelen küçük pehlivanı görünce aşka geldi. Hemen fanilayı sıyırdı, çitin üstünden çayıra atladı.

"Babacım iddiayı kazandım. Ben bunu rahat yerim, her türlü... Falanlı filanlı interli milanlı..."

Levent'i ellerimizle güreşe hazırladık. Belden yukarısını iyice yağladık. Başına geleceklerden habersiz, "Aman pantolona yağ değmesin," diye uyarmayı da ihmal etmedi. İki yiğit çıktı meydaneee... İkisi de birbirinden merdaneee... Güreş on beş saniye kadar sürdü. Başlar başlamaz önce eller kollar karıştı, çatara patara oldular. Koskoca Leventim'in beline gelen 1.60'lık çakır gözlü genç pehlivan yıldırım gibi daldı alttan, 1.90'lık Leventimiz'in testislerinin altından sağ eliyle, koltuk altından sol eliyle yakaladı. Havaya kaldırdı ve bize döndü, "Abimi nereye atayım?" diye sorar gibi. Münasip bir yere, dürülmüş Acem halısı misali bırakıverdi koca Leventimiz'i... Alkış kıyamet, büyük mavra oldu tabii. Leventimiz'in gözü gibi baktığı pantolon yağa, çimene, çamura bulandı. Levent her zaman olduğu gibi tevazu ve olgunluk göstererek yenilgiyi centilmence kabul etti:

"Aaa boşluğuma denk geldi abiciiim. Boş bulundum, yoksa beni hayatta yenemez! Falanlı filanlı... Her türlü..."

Biz de bilmiyorduk, sonradan öğrendik, Leventim nereden bilsin, Cem'in güreş için karşısına çıkardığı 1.60'lık çakır gözlü küçük pehlivan grekoromende dünya gençler ikincisi olmuş daha önce. Levent zaten bunu öğrenince güreş için girilen iddia hemen yok hükmünde sayıldı.

"İyi de babacımmm, karşıma dünya şampiyonu adam getiriyorsunuz, getirin şuradan derecesiz birini, kesinlikle yerim onu. Her türlü..."

Şimdi yazımıza konu olan kispetle ilgili bir tecrübemi paylaşayım.

Bütün vücudunuz bolca zeytinyağına bulandığı için, cilt inanılmaz yumuşuyor. Bebe cildi gibi oluyor. Banyoda çıkması çok zor oluyor. Üç dört defa sıcak suyla çok iyi yıkanmanız gerekiyor. Aslında hamama gitmek daha iyi bir yolmuş temizlemek için. Yağlanıp güneşin altına çıkınca solaryum süresinde yakıyor cildi. Yara bere dökmeden sağlıklı yanıyorsunuz. Bir başka faydası daha var. Sindirim sistemi çok rahatlıyor. Türkiye ve Bulgaristan'da kispet yapan ustalar var ve yavaş yavaş azalıyorlar. 500 TL'ye yapan da var, 2000 TL'ye yapan da... Hatta 5-10 bine bile özel kispet yapanlar var.

Kispetle ilgili bir yazı yazacağım deyince, Sevgili Berç Abim uyarmıştı beni. Malum atasözünde aslında "kispet" olan kelime, zamanla deformasyona uğramış, "kısmet" olmuş nedense... Hani derler ya, özür dileyerek orijinalini yazmak zorundayım, "Göt kısmetten çıkınca..." diye... Hayır... Doğrusu şöyle olmalıymış:

"Göt kispetten çıkınca, uçkur dokuz yerden çözülür."

Zaten kispet gibi zorlu bir kostümden göt dışarı çıkıyorsa, o saatten sonra güreş meydanlarında ne işin var... Hemen kaçacaksın oradan. Ama kaçarken kıçını değil, yüzünü kapatacaksın. Seni kıçından değil, yüzünden tanırlar ancak.

AKM'nin otopark altında dekor parçalarının koyulduğu büyük bir depo vardı. O depo tamamen boşaltılmış ve çok emek verilerek İstanbul'a bir sahne kazandırılmıştı. Bildiğimiz klasik salonlardan farklıydı. Sahnede oynarken seyirci sizi hep aşağıdan seyreder. Aziz Nesin'in adını alan sahnede ise seyirci tribün gibi yukarı doğru çıkardı basamak basamak. Oranın açılışını Müge Gürman'ın sahnelediği *Hamlet* oyunuyla biz yapmıştık. Sonrasında şahane tiyatro oyunları oynandı o sahnede. Orhan Asena'nın yazdığı *Atçalı Kel Mehmet* oyununu oynuyorduk. Oyunun birinci perdesindeki ilk sahne oldukça kalabalık oynanıyordu. İki ağa köylülerin önünde iki pehlivanı güreştiriyor. Atçalı Kel Mehmet'in yanında ırgatlık yaptığı ağası, güreşte kendi pehlivanı yenildiği için çok kızıyor. Kalabalığa dönüp haykırıyor:

"Yok mu ulan içinizde şu pehlivanı yenecek bir babayiğit? İki kese altın vereceeemm!"

Kalabalıkta tıs yok...

"Üç kese altın..."

"Dört kese altın..."

"Beş kese altın vereceeemm!.."

Yine tıs yok... En nihayetinde son kozunu oynuyor.

"Yok mu ulan bir babayiğit şu pehlivanı yenecek?.. Kızımı veriyorum!.." Atçalı Kel Mehmet, ağanın kızına yangın. Atıyor kendini ortalığa. Herkes cesaretine gülüyor. Kendinden oldukça kuvvetli pehlivanı küçük bir güreş oyunuyla tuş ediyor, sırtını yere yapıştırıyor. Ağa sözünde durmuyor, Atçalı'yı altınla kandırmaya çalışıyor ama nafile... Atçalı'yı adamlarına dövdürüyor bu sevdadan vazgeçsin diye. Atçalı hiç geri adım atmıyor. Ağanın kızını da kaçırıyor ve dağa çıkıyor. Atçalı Kel Mehmet, çok önemli bir devrimci. Zamanında Osmanlı'ya bağlı beylerin halktan ağır vergiler almasına, halka zulmetmesine isyan edip dağa çıkmış, bu yolda can vermiş bir halk kahramanı. Ege yöresinde halktan çok büyük bir destek görmüş, efelerin efesi... Hatta savunduğu fikirlerin Sultan II. Mahmud'a ve Tanzimat'a bile ilham kaynağı olduğu söylenir.

Oyunda ağayı Mehmet Ali Kaptanlar, kızını Işıl Dayıoğlu canlandırıyordu. Atçalı Kel Mehmet'i ben oynuyordum. Kafam hep usturaya vurulu, nektarin gibi ortalıkta geziniyorum. Pehlivanlardan en tecrübelisiyle günlerce çalıştık. Birkaç kapışma figüründen sonra bana öğrettiği oyunla adamı açık düşürüp tuş ediyorum. Seyirci bazen aşka gelip galibiyeti alkışlarla ödüllendiriyordu. Bir süre sonra "Ankara'ya turne yapıyoruz" diye haber aldık. Pehlivan, "Ben Ankara turnesine gelemem. Sınavım var," dedi. Oyunun başında ilk güreşi yaptıkları diğer pehlivan onun kadar işinin ehli değil. Eeee ne yapacağız peki? Ankara'da çayır güreşçisi bir arkadaşla konuşup bizi rahatlattı.

ATÇALI KEL MEHMET OYUNUNDAN BİR SAHNE

"Hiç merak etmeyin, oyundan bir gün önce buluşursunuz. Pehlivan ne yapacağını anladı. Sadece küçük bir provayla oyunu aksatmadan oynarsınız."

Dediği gibi, Ankara'da oyundan bir gün önce yeni pehlivanla buluştuk. Benden önce güreşeceği adamı güzel bir oyunla tuş etti. Daha sonra ikimiz başladık güreşe. Ne yaptığımızı anlattım. Hemen işi kavradı. Her şey güzel gitti. Sonunda tuş oldu. "Yaşa be pehlivan!.." diyerek tebrik ettik. İçimize su serpildi.

Ankara turnesinde bir hafta kaldık. Altı oyun oynadık, her şey tıkır tıkır işledi, hiç aksaklık olmadı. Son oyun hariç... Oyunun başında güreşimize başladık. Adamın yenilmesi lazım ki oyuna devam edelim. Feci güreşiyor, yenilmeye, tuş olmaya hiç niyeti yok. Beni havada gezdiriyor. Saman balyalarının üstüne bavul gibi fırlatıyor. Sonra kavrayıp havalara kaldırıyor, sahnede küçük bir tur atıyoruz, tekrar balyaların üstündeyim. Baktım ki kan ter içindeyim, nefes nefese kaldım. O birazdan gidip kuliste çayını içecek, ben daha iki saat oyun oynayacağım. Kapışma anlarında yalvarıyorum. "Oğlum yenilsene lan, öldüm bittim yahu!.." Pehlivanın hiç umurunda değil, "Kusura bakma birader," diyor. Yerde beni tarla sürer gibi gezdiriyor, yine havalara kaldırıyor, tekrar saman balyalarının üstüne "küüüt" diye düşüyorum. Toplamda beş dakikada bitmesi gereken güreş, on beş dakika olmuş, bir türlü bitmiyor. Sonunda açık düşüp tuş olduğu oyunu hatırladı da lütfedip bir zahmet yenildi muhterem. İlk perdeyi nefes nefese zor bitirdim.

Perde arasında kulise geldim. Kostüm değiştirmem lazım. Bir baktım kollarım, bileklerim, sırtım mosmor olmuş. Dayak mı yedim, trafik kazası mı geçirdim, oyun mu oynuyorum, belli değil. Pehlivana baktım, çok mutlu. Yakmış sigarayı, elinde çayıyla keyif yapıyor.

"Yahu arkadaşım dalga mı geçiyorsun, niye yenilmiyorsun? İşi uzattıkça uzattın! Şu halime bak!.."

Pehlivan ayağa kalkıp boynuma sarıldı.

"Birader ne olur kusuruma bakma. Bu akşam son oyun. Dört misafirim vardı. Nişanlım, kayınpederim, kaynanam, kayınçom oyunu izliyor. Ben de gurur yaptım, biraz kendimi göstereyim dedim."

Böyle söyleyince gülmekten yıkıldık tabii... Turne dönüşü aklımıza geldikçe gülüyoruz. Herkese anlatıyoruz. Geldik, İstanbul'da Aziz Nesin Sahnesi'nde yine oyunu oynamaya başladık. Eski pehlivanımıza kavuştuk. Başıma gelenleri anlattım. "Merak etme kardeşim, bende yanlış olmaz," diyerek yüreğime su serpti sağ olsun. Bir İstanbul gecesinde yine dolu salonda oyunumuzu oynayacağız. Açılış sahnesinde pehlivanlar güreşti. Benim ağanın pehlivanı her zamanki gibi yenildi. Diğer ağanın alaylarına kızan bey yine esti gürledi:

"Yok mu ulan şu pehlivanı yenecek bir babayiğit? Bir kese altın... İki kese altın... Beş kese altın... Yok mu?.. Yok mu ulaaannn! Kızımı vereceeemmm!"

Tam oturduğum saman balyalarının üstünden atlayıp, "Var ağam, ben varım!" diyeceğim... Birden tribünde oturan seyircilerden biri ayağa kalkıp bağırdı:

"Var ulaaan! Ben varım!"

Aaaa... O da ne? Abim seyircilerin arasından geçip merdivenlerden tık tık tık inerek sahneye geldi. Baktı ki bizim pehlivan yarı çıplak; kazağı, fanilayı fora edip çıkardı, kenara koydu. Başladı mı bizim pehlivanla peşreve... Hepimiz güreşi izlemeye koyulduk.

Seyirci güldüğümüzü çakmasın diye güya saklanıyoruz. Neyse ki bizim pehlivan kuvvetli olduğundan bunu koltukaltlarından kavradı, sahnenin yan sütununa heykel gibi yasladı. Adamın ayakları resmen yerden kesildi. Ağayı oynayan Mehmet Ali Kaptanlar yerinden kalktı, güreşe müdahale etti. "Tamam, bırak. Sen de yerine geç bakayım. Aferin evlat, yiğit çocukmuşsun," dedi. Seyirciye de alkışlattı. Sonra bana dönüp, "Sen de şansını deneyecek misin Keloğlan?" diyerek güreşi başlattı. İki pehlivan güreşiyoruz ama gülmekten zor güreş tutuyoruz, öyle böyle değil. Oyun bittikten sonra tiyatronun sahne müdürüne, "Yahu şu basamaklara iki tane teşrifatçı görevli koyun. Bu pehlivan her oyunda iki defa güreşecekse, gider

Kırkpınar'a kaydını yaptırır, bu nedir yaaa..." dedim. Sonra döndüm yavşak ağayı oynayan arkadaşım Mehmet Ali'ye:

"Ulan 'Kızımı vereceeemm' diye gürlüyorsun, seyircinin güreşine de izin veriyorsun. Peki, adam bizim pehlivanı yenseydi ne olacaktı?"

Mehmet Ali cevap verdi:

"Valla öyle bir şey olsaydı, Işıl'ı delikanlının koluna takardım. Hep beraber selam verir, oyunu oynamadan bitirirdik. Devamında Asmalı Mescit'te bir kutlama gecesi... Ertesi gün başka bir bölgeye sürgüne mi giderdim, yoksa beni kovarlar mıydı bilemem... Allah'tan pehlivanımız sağlam. Hem beni hem Işıl'ı hem de oyunu kurtardı."

vodafone arena
BEŞİKTAŞ JK

TREND TOPIC BAŞKAN

Eskişehir'de 2012 yılında *Mor Menekşeler* dizisini çekiyorduk. Umut Kurt setten aradı.

"Babacığım tebrikler, trend topic olmuşsun!"

Trend topic nedir, hiç bilmiyorum. Ben sadece kelleşen yerlere serpilen ve saçı dolu gösteren bir topik var, onu biliyorum. Ha bir de şahane bir Ermeni mezesi olan "topik"in tadını ve adını biliyorum, o kadar. Belli bir yaştan sonra teknolojiyi takip etmek zor oluyor. Sanki yabancı dil öğrenmeye çalışıyorsun. Eskişehir'de bir sürü genç oyuncuyla zaman geçirince arada boş vakitlerde iç eğitim alıyorum. Birçok fonksiyondan haberim yokmuş meğer...

"Sen de WhatsApp'ta olsan..."

"Messenger açalım, Twitter'da profili şöyle yapalım..."

"Aaa sana Instagram da yakışır..."

Bu dünyalara girince oradaki işlemleri ve deyimleri de iyi bilmek gerekiyormuş. Her gün bir şey öğreniyorsun da "trend topic" ifadesini ilk defa "Babacığım tebrikler, trend topic olmuşsun" denildiğinde duydum.

Bir haber okumuştuk sette: "Kimse Beşiktaş'a başkan olmak istemiyor." Sosyal medyadan gelişmeleri takip ediyoruz.

Arada İstanbul'a gelip gidiyoruz. Beşiktaşlıyız ya, merak içindeyiz. Yıldırım Demirören'in başkanlığı bırakıp Türkiye Futbol Federasyonu başkanı olmasıyla koltuk boş kaldı. Maddi anlamda geride enkaz var. Hiçbir yerden hamle yok. Kulüp, tarihinin en büyük borcuyla karşı karşıya. Kimse de ateşten gömleği giymeye pek niyetli değil. Sette sürekli üstüme oynuyorlar. Yükleniyorlar bana.

"Beşiktaş batıyor. Kimse başkan olmak istemiyor. Sen niye olmuyorsun? Babacığım elini taşın altına sok. Başkanlığa aday ol."

Diyorum ki:

"Oğlum, ben daha kongre üyesi bile değilim, nasıl gidip aday olayım? Çocuk musunuz?"

Günlerce devam ettiler.

"Görevden kaçmaaa... Korkmaaa... Beşiktaş batıyoorr... Eğer kendine güveniyorsan kongre üyelerinin karşısına projelerinle çıkarsın, yetkiyi alırsın. Görevden kaçma. Zafer Abi sana başkanlık yakışır."

Dolduruş bile olsa insanı ufaktan havaya sokuyor. Bir gün, "Tamam ulan, adayım!" dedim. Önce adaylığımı coşkuyla karşılayan dolduruşçu hergele güruhu bu defa tavır değiştirdi.

"Başkanım tamam da dünya kadar borç var. Emin misin? Beşiktaş'ı kurtaracağım diye gelip kulübün varını yoğunu satmayasın. Sende o kadar para var mı? Şimdi coşmuşsun, başkanlığa adayım demişsin."

O saatten sonra Beşiktaşım'ı bunlara dalga konusu mu yaptıracağım...

"Oğlum Süleyman Seba'nın parası mı vardı... Süleyman Abi'de itibar vardı, güven vardı, saygı vardı. Benim de param yok ama itibarım var, projelerim var, Beşiktaş'a kaynak yaratacak fikirlerim var."

Alkışlar... Bravolar... Sette beni devamlı motive ediyorlar. Sürekli, "Başkanım çay, başkanım kahve, başkanım saygılar, başkanım hürmetler..." Güven Kıraç, Gökhan Kıraç, Sarp Levendoğlu, Umut Kurt, Fatih Koyunoğlu, Sinan Tuzcu, Kel Aşkın... Hiç boş bırakmıyorlar, sürekli motive ediyorlar. Bir yere yemeğe gidiyoruz. Girerken, çıkarken devamlı "Başkanım, başkanım..." Arabaya binerken sağ arka kapıyı açmalar... Binerken kafam çarpmasın diye tek elle korumalar... Cep telefonlarının kamera ışıklarını açıp devamlı sorular, röportajlar...

"Başkanım zor bir işe baş koydunuz. Buradan Beşiktaş taraftarına ve kamuoyuna geleceğe dair neler söyleyeceksiniz?"

Bir set arasında yaptığım "Başkanlığa adayım" videosunu sosyal medyadan ateşlediler:

"Zafer Algöz, Beşiktaş'a başkan olsun."

Benim gelişmelerden haberim yok. Allah'ını seven, tanıyan, tanımayan, "Neden olmasın, Beşiktaş'a yakışır" diyerek sağ olsunlar TT yapmışlar. Kartopu olarak başlayan adaylık hareketi giderek çığ gibi büyümüş, Türkiye'nin en çok tıkladığı adam olmuşuz. (En çok tıklanan adam lafı da biraz tuhafıma gitti ya neyse...) Trend Topic Başkan olduk sonunda... Havalıyım, yürüyüşüm, oturuşum, kalkışım değişti. Meğer başkan olmak ne mesuliyetli işmiş arkadaş... Daha ortada fol yok yumurta yok, şimdiden aldı beni bir düşünce.

Ankara'dan arkadaşım Dadaş İsmail aradı. "Ağabegi çok sevindim, hayırlısı olsun. Hemen şimdi kırk tane taksi ayarlıyorum, camlarında senin resmin olacak. Ankara caddelerinde tura çıksınlar," dedi. "Aman İsmailim, kurban olurum acele etme. Sağ olasın Dadaşım," dedim, zor vazgeçirdim. Son cümlesi beni yine havaya soktu.

"Sen oraya yakışırsın abim, senden iyisini mi bulacaklar... Ben her daim yanındayım."

Sonunda basında yer almaya da başladık:

"Beşiktaş'a sürpriz başkan adayı!"

Kendimi hep itidale davet ediyorum.

"Aman oğlum artık başkan adayısın, söylediklerine dikkat et. Söz ağızdan çıkar çıkmasına da geri vitesi olmaz. Aman başkanım, gaza gelme."

Üç dört günlük bir boşluğum oldu, atladım Eskişehir'den İstanbul geldim. Evden içeri girdiğimi haber almış gibi aradılar. Ertesi sabah bir TV kanalında (sanıyorum TV8'di) canlı yayına davet ettiler. "Yahu ben yoldan yeni geldim, yorgunum" dedim. Rica, minnet, "ne olur bizi kırmayın"lar... "Tamam," dedim.

Sabahın erken saatinde bir araba gönderdiler. Gittim, canlı yayına çıktım. "Efendim trend topic oldunuz, Beşiktaş'ı konuşmalıyız," dediler. Yaklaşık bir saat konuştuk. Yine aynı soru geldi tabii:

"Diyelim ki kongreden yetkiyi aldınız, başkan seçildiniz. Paranız var mı? Kulübün içine düştüğü bu darboğazdan çıkmasını nasıl finanse edeceksiniz?"

Şöyle cevap verdim:

"Onursal başkanımız Süleyman Seba'nın da parası yoktu ama itibarı vardı. Bir yerde itibarınız varsa, bu para sahibi olmaktan daha değerlidir. İtibar, saygı görmektir. Ama para her zaman saygı görmez. Paranın karşılığı sahte bir tebessüm. Para giderse geri gelebilir. İtibar bir kere giderse bir daha geri dönmez."

Televizyon kanalından uğurladılar, dışarı çıktım. Arabam geldi. Kapılar açıldı, Trend Topic Başkan olarak uğurlandım. Canlı yayından önce kapattığım telefonumu açtım. Mesajlar gelmeye başladı eşten dosttan.

"Başkanım saygılar, başkanım hürmetler, kardeşime yakışır, abim senden iyisi bulunmaz, adamsın..."

Bu arada, "Oğlum boş ver, deli misin? Git oyunculuğunu yap. Nereden çıktı bu başkanlık?" diyen, ayakları yere basan mesajlar da geliyor tabii. Arabayla giderken gelen mesajlara bakıyordum. Telefonum çaldı. Baktım hiç tanımadığım bir numara, önce açmadım. Aramayı ısrarla sürdürünce sonunda açtım. Karşımda gayet terbiyeli konuşan bir adam var, adını falan söyledi ama hiç tanımıyorum.

"Günaydın efendim. Eğer müsaitseniz sayın başkanım Süleyman Seba görüşmek istiyor."

Ulaaan tufaya gelir miyim hiç! Canlı yayını izleyen hergele güruhu aklı sıra kafa bulacak benimle. "He he tabii müsaitim canım," dedim, kapattım telefonu. Birazdan yine aradı aynı ciddiyetle:

"Efendim sanıyorum telefon bağlantısı kesildi, müsait misiniz?"

Dur bakalım, arkasından nasıl biri çıkacak?

"Evet, buyurun," dedim.

"Alooo evlat günaydın. Nasılsınız?"

Allahım kafamdan aşağı kaynar sular, kızgın yağlar döküldü... Ateş bastı yüzümü... Televizyonda canlı yayını izlemiş.

"Benimle ilgili düşüncelerin için çok teşekkür ederim, beni onurlandırdın."

Koskoca Süleyman Seba'yı onurlandırmışım, aman Yarabbim!.. Ne söyleyebildim, hiç hatırlamıyorum. Konuşmanın sonunda "Bugün ya da yarın, müsaitsen bir akşam buluşalım, yemek yiyelim," dedi. "Onur duyarım başkanım. Sizin için de uygunsa bu gece geleyim, Bordo'da buluşalım," diye cevap verdim.

EFSANE BAŞKAN SÜLEYMAN SEBA

Sürekli müşterisi olduğu, evine çok yakın Bordo'yu bilmem hoşuna gitti. Akşam buluşma yerine otuz dakika erken gittim heyecandan. Hem de Süleyman Seba'dan sonra oraya gitmek ayıp olur diye düşündüm. Kendisi de yirmi beş dakika önce geldi zaten. Beşiktaşım'ın onursal başkanı, bütün karizmasıyla mekânı doldurdu. Elini öpmek istedim, izin vermedi. "Aman rica ederim, o kadar yaşlandık mı yahu?" dedi gülümseyerek. "Allahım ne kadar şanslıyım," dedim. Beşiktaşım'ın efsanesi davet etmiş, beraber rakı içeceğiz. Yaklaşık iki saat kadar oturduk. Titreyen elleriyle sıkı sıkı kavradığı kadehini saygı ve zarafetle uzattı, kadehlerimizi tokuşturduk, başladık sohbetimize. O anlattı, ben dinledim. O sordu, ben anlattım. Baba Hakkı'nın alnından öptüğü, Beşiktaşımız'ı emanet ettiği adamın ağzından Beşiktaş tarihi dinledim. Yıllarca nasıl kötü yönetildiğini, ne badireler atlatıldığını, kimseye hakaret etmeden, kötü bir söz söylemeden, isimleri unutmadan tek tek anarak, görev yıllarına kadar takır takır anlattı. Bunların çoğu burada yazılmamak kaydıyla anlatıldı. Onursal Başkan, Trend Topic Başkan'a güvenmiş, inanmış, anlatmış. Elbette kadehler arasında konuşurken olur ama yazıya dökmek olmaz. Sohbetimizin sonuna doğru iki önemli şey söyledi. Onları buraya yazayım ki, Trend Topic Başkan olarak tarihe not düşmüş olayım.

"Beşiktaş taraftarı Rahmi (Koç) Bey'e çok şey borçludur. En zor zamanlarımda hep yanımızda oldu. Karşılık beklemeden çok şey yaptı. Başkanlık meselesine gelince... Aday olacak diye adı çıkanların çoğunu tanımıyorum. Sadece Fikret (Orman) Bey diğerlerinden farklı. Saygılı ve akıllıdır. Ona şans vermek ve destek olmak lazım."

Masamıza onu tanıyanlar ve merhaba demek isteyenler gelmeye başladı. Giderek üç masa olduk. Kalabalık olunca konuyu hiç başkanlık meselesine getirmedi. Soranlara kendi fikrini de söylemedi. Eskilerden anlattı. Güldürdü, hüzünlendirdi... Nihayet ikinci kadehini elleri titreyerek de olsa bitirdi. Yavaş yavaş ayağa kalktı. "Lütfen kimse rahatsız olmasın," dedi ama ne mümkün, herkes ona olan saygısından dolayı tören kıtasındaymış gibi esas duruştaydı. "Ben gidip yatayım, sizler de eve fazla geç kalmayın haa..." diyerek uyarmayı da ihmal etmedi. Bir İstanbul beyefendisi, bir çelebi zarafetiyle, yardımcısını yanına alarak gitti büyük başkan. Ardından, "Vay be!.. Beşiktaş'a başkan olurum diye ortaya çıktım, sadece Trend Topic Başkan olabildim. Ama karşılığında aldığım mükâfat paha biçilemez. Beşiktaş'ın onursal başkanı ve efsanesiyle iki saat sohbet..." dedim.

2014 yılının o sıcak Ağustos'unda efsane başkan vefat etti. İnönü Stadı'nın yenileme inşaatı başlamıştı.

O yaz sıcağına rağmen yaklaşık 10-12 bin insan vardı ona veda etmeye gelen. Üstlerinde Fenerbahçe, Galatasaray, Trabzonspor, Eskişehirspor, Sakaryaspor, Orduspor formaları olan gençler de cenazesine gelmişti. Efsane başkanımızın cenazesini kulüpten alıp omuzumuzda taşıyarak Maçka inişinden inşaat halindeki stada kadar getirdik. Cenazesini görenler, beton tribün kapılarının üzerinden bağırmaya başladı:

"Beşiktaş'ın gururu Süleyman Seba!.."

Süleyman Seba, Beşiktaş'ın yeni stadyumunu ve muhteşem Avrupa serüvenini göremedi ama cenaze töreniyle yeni stadyumda görkemli taraftarı ilk kez buluşturdu.

Sevenlerin seni hiç unutmadı, unutmayacak...

Büyük Başkan'a saygıyla...

İMZA: Trend Topic Başkan

ZAFER ALGÖZ VE CAN YILMAZ

42.195 METRE + 920 GRAM

2014 yılının Mart başında sevgili dostum şair, yazar, oyuncu, yapımcı Can Yılmaz aradı.

"Abi Mart ortasında Barcelona Maratonu'na gidiyorum, benimle gelir misin?"

"Vay canına..." dedim kendi kendime, "Can Hocam'a bak, İstanbul'dan Barcelona'ya maraton seyretmeye gidiyor." "Hayır abi, seyretmeye değil, koşmaya gidiyorum," dedi. Böylece Can Hocam'ın unvanlarına bir de "maratoncu" eklenmiş oldu. Söylediğine göre yıllarca birçok maratona katılmış, bazılarını bitirmiş, bazılarını yarıda bırakmış. Maraton koşmak gerçekten kolay bir iş değil. Tam 42 kilometre 195 metre koşuyorsun. Zaten amatör olan birinin kazanması mümkün değil. Çünkü iki saatte 42 km koşan Afrikalılar var. Bu adamlar startla birlikte en önden fırlıyorlar, sonrasında hiç tempoyu düşürmeden iki saati biraz geçtikten sonra başladıkları gibi yarışı bitirebiliyorlar. "Tamam," dedim. "Can Hocam'la beraber Barcelona'ya gideceğiz, üç dört gün kalacağız. Maratonun yanı sıra güzel bir tatil olur, cennet gibi şehri bir kez daha görürüm" diye düşündüm.

Hayatım boyunca kendi ülkemizin dışında çok ülkeye gittim, çok şehir gezdim. Hepsinin bıraktığı duygu farklı. Ama Barcelona daha da farklı. Hani sorsalar, "İstanbul'un dışında nerede yaşayabilirsin?" diye, hiç tereddüt etmeden "Barcelona" derim. Birçok defa gitmek kısmet oldu. İnanılmaz pozitif bir kent. Her yeri çok güzel, mutfağı güzel, kültürel zenginlikleri güzel, kentin insana huzur veren yapısı güzel, insanları güzel... Atladık uçağa, üç buçuk saatlik bir uçuştan sonra Barcelona'ya indik. Şahane bir hava var. Mart ortasında yaz havası... Alandan kalacağımız otele geldik. Eşyaları atıp elimizde kamerayla Japon turistler gibi daldık şehrin içine. Yeni başlanmış bir inşaat yok. Hani burada eski bir binayı yıkalım, yerine on sekiz katlı bir bina dikelim falan söz konusu bile değil; Katalanlar zaten o binayı adamın başına yıkar. Bütün sokaklar ve evler birbirine o kadar benziyor ki, elinde yazılı adres olmasa hayatta bulamazsın aradığın yeri. Zamanında efsane Barcelona kumsalının ve sahil şeridinin en sonuna camdan bir otel yapmışlar. Bir de kentin ortasına Torre Agbar (Agbar Kulesi) yapılmasına izin vermişler, kızılca kıyamet kopmuş. Barcelona'da yaşayanlar nefretlerinden ötürü bu cam kuleye "Barcelona'nın penisi" adını koymuşlar. Gaudí'nin muhteşem mimari eserlerinin olduğu bu tarihi kente, penis gibi cam kulenin yapımına izin verenlere de burayı yapanlara da çok fena yakıştırmalar yapıyorlar. Kentin dokusuna yakışmadığı için lanetler yağdırıyorlar.

Kentte öylesine büyük ve geniş yaya kaldırımları var ki, belki de dünyanın çok yerinde örneğine zor rastlanır. Düşünün, araçların gittiği yolun neredeyse iki üç katı genişliğinde, dev palmiyelerin güneşlik gibi örttüğü şahane kaldırımlar... Banklarda oturup resim yapanlar... Viyolonsel, keman, flüt çalan öğrenciler... Ellerinde yürüteçlerle ya da tekerlerli sandalyeyle yürüyüş yapan 90'lık Katalanlar... Kafeler, lokantalar, tapasçılar, asla korna çalınmayan pırıl pırıl taksiler ve güler yüzlü, turiste saygılı şahane taksiciler... Taksiye bindiğinizde adresi verince hemen navigasyondan gideceğiniz yeri buluyorlar. İki üç alternatif varsa yolcuya soruyorlar:

"Nereden gitmemi istersiniz?"

Yani bizdeki gibi mesafeyi beğenmemek ya da Avrupa Yakası'nda Sarıyer'e gidecek adamı Birinci Köprü'den Anadolu'ya götürüp, İkinci Köprü'den Sarıyer'e getirip neredeyse uçak parası kadar turisti kucağa almak yok. Yılın on iki ayında kente hep turist akını var ama açgözlü insanlar değiller. Yolda birine adres sorduğunuz zaman dil bilmediği halde size adresi göstermek için yolunu değiştirip metrelerce sizinle yürüyen, sonra hiç üşenmeden güler yüzle kendi yoluna giden insanlar dolu Barcelona'da. Kentte ağır bir Katalan hâkimiyeti var. Taa o zamanlardan özerklik isteyecekleri konuşuluyordu. Şehirde neredeyse evlerin çoğunda Katalan ve Barcelona takımının bayrakları asılı. Hiç İspanya bayrağı yok.

Barcelona'da yaşayan ve orada evlenmiş arkadaşımız Rudo'yla buluştuk. Üç dört gün kalacağımız için kentte görmemiz gereken yerleri sağ olsun Rudo halletti. İnternetten VIP rezervasyonlar yaptırdı. Normalde 3-5 euro verip, saatlerce kuyruklarda beklemektense, biraz daha fazla para vererek zamandan kazandık. Ne de olsa oraya maraton koşmaya gelmiş bir Can Hocamız var. Adamı daha maraton koşmadan bitirip yormanın da bir anlamı yok. İlk gün kültürel turumuza başlamadan önce, kayıt yapılan yere gidip yarışta kullanacağı malzemeleri aldık. Göğüs numarası, imzalar, formlar... İspanyol çeşmesi dedikleri muhteşem yapının hemen sağında çok büyük bir binaya gereken her türlü hazırlığı konuşlandırmışlar, sağlık hizmetleri bile hazır. Ben, Can Hoca gibi maratona aşina biri olmadığım için kendisinden öğrendim. Öyle elini kolunu sallayıp, "Ben yarışa geldim" diye bir şey söz konusu değil. Bir sene öncesinden kayıt yaptırıyorsun, koşmak için bir miktar para yatırıyorsun, eğer yarışa katılmak için çok istekli olan varsa, "Kontenjan doldu" diyerek kabul etmiyorlar. Neyse ki Can Hocam'ın geçen seneden yaptırdığı rezervasyon talebi kabul edilmiş, iki gün sonra maraton koşacak, mutluyuz.

Şehri gezerken yorulunca ve acıkınca küçük molalar veriyoruz. Can Hoca deniz mahsullerini pek sevmez, küçük tapaslarla idare ediyor. Akşamında güzel bir yemek yiyoruz ve volta atıyoruz. Gece saat 12.00 olmuş, caddeler insan dolu. Yürüye yürüye sahile doğru gidiyoruz. Yolda dört genç kız gördük.

Şortları, bikini üstleri, ellerinde gitarları ve piknik sepetiyle yanımızdan güle oynaya geçtiler. Sahile indik. Barcelona kentinin şahane kumsalına geldik. Uçsuz bucaksız görünüyor. Kumsal halka ve turistlere açık, ücretsiz. "Şuraya bir kafe yapalım, şezlonglar, güneşlikler koyalım. Yılın on iki ayında turist gelen bu kentte para kazanalım" diye bir düşünce yok. Kumsalın sonuna kadar gidip tekrar geri dönüyoruz. Gece geç vakit olmuş, iki saat önce karşılaştığımız kızları kumsalda yine görüyoruz. Gecenin o saatinde denize girmişler, havluları yanlarında, yere bir küçük ateş yakılmış, gitar-şarap eşliğinde çalıp söylüyorlar. Etraflarında rahatsız eden, dikizleyen tek bir kişi yok. İnsanlar ilgilenmiyor bile. Öylesine huzurlu ve güven veren bir kent Barcelona.

Ertesi gün öğlen Rudo'yla buluşuyoruz, yanında Türkiye'den gelen bir başka arkadaşımız daha var. Gece kumsalda gördüğümüz kızları anlattık. "Bu dört kız İstanbul Bebek'te gece vakti bu eğlenceyi yapmaya kalksa, kim bilir kaç kişi salça olur," dedik. Rudo, "Barcelona'da böyle şeyler olmaz," dedi, "Barcelona takımının yıldızları kentin içinde rahat rahat dolaşır. Mesela Messi, ailesiyle beraber yemeğe çıkar. Tek bir kişi bile imzaydı, selfie'ydi rahatsız etmez. Eğer kentte futbolculardan böyle talepleri olan varsa, kesinlikle turisttir."

Barcelona halkı güler yüzlü ve konuksever. Ama geçen yaz sahilde binlerce insan toplanıp turistleri protesto etmişti. Sahilde her tarafa çöplerini bıraktıkları için, "Barcelona bizimdir, turist istemiyoruz," dediler.

Öğleden akşama kadar kültürel turumuzu yaparken, "Akşam nerede yemek yiyelim?" dedik. Can Hocam deniz mahsullerine muhalefet şerhi koydu:

"Ben artık kırmızı et yemek istiyorum. Yarın 42 kilometre 195 metre koşacağım. Vücudumun ihtiyacı var."

Rudo hemen kusursuz İspanyolcasıyla güzel bir yere rezervasyon yaptırdı. Ama çift rezervasyon var. Ya erken gelip 21.30'da gideceksiniz ya da 22'de gelip kapanana kadar oturabileceksin. Biz tabii yarışçı arkadaşımız Marathon Man Can Hoca'yı düşünerek erken saati istedik. Gittiğimiz yer Barcelona'nın önemli bir et restaurantıymış. Oturduğumuz masaların yanında daha önce orada oturup yemek yemiş starların isimleri yazılı: Michael Douglas, Kim Basinger, Tom Cruise ve daha niceleri... Amerikan starı değilim ama belki benim de adımı yazarlar diye bir espri yaptım ama açlıktan gözü döndüğü için Can Hocam duymadı bile. Mönü getirdiler. O kadar kalın bir ansiklopedi geldi ki, anlatamam. Çok yapraklı ve oldukça ağır bir mönü. Ne yiyelim diye bakarken etlerin yanında gramı ve fiyatının dışında başka rakamlar da var, dikkatimizi çekti. Rudo hemen bizi bilgilendirdi:

"Abi o rakamlar etin kaç yıl dinlendirildiğini yazıyor."

Biz mütevazı tercihler yaptık. Marathon Man Can Hocam ise 15 yıllık, 920 gramlık bir steak tercih etti. Hani neredeyse hayvanın yarısına tekabül ediyor.

Bir süre sonra siparişlerimiz tahta üstünde geldi. Can Hocam'ın eti büyük lokanta tabağı genişliğinde, dört beş santim kalınlığında önümüzde duruyor. "Yarın nasıl olsa ilk 10 kilometrede yakarım," diye düşünmüş olsa gerek. İki büyük portakal suyu eşliğinde hayvanın yarısına denk gelen eti bir güzel indirdi. Restauranttan çıktık ve vedalaştık. Otelimize geldik. Erken yatılacak, sabah yarışımız var çünkü. Sabah hafif bir kahvaltıdan sonra yarış malzemelerimizi ve kamerayı alıp start yerine vardık. Ortalık mahşer yeri gibiydi. Tam 30 bin yarışçı dünyanın her yerinden gelmiş, yarışa hazırlanıyordu. Can Hocam verdikleri mor tişörtü giydi, göğüs numarasını yapıştırdı. Kamerayı aldım, belgeselci gibi çekim yapacağım.

"Aman abi, gözünü seveyim, koşarken beni de çek, anı olarak saklayacağım."

Can Hocam start yerine doğru giderken solo görüntüsünü alabildim ve beş buçuk saat sonra tekrar buluşmak üzere vedalaştık. Yarışı önde bitirenler iki saat on beş dakikada geliyorsa Can Hoca için beş buçuk saat gayet normal bir süre. Zaten yarışı bitirenlerden beş buçuk saatte derece yapanlara madalya veriyorlar; beş saat otuz bir dakikada bitirirsen, hiçbir şey yok. Can Hocam gittikten sonra start yerine yürüdüm ve binlerce izleyicinin arasında zar zor çekim yapabileceğim münasip bir yer buldum. Anonslar, bandolar, müzikler, pankartlar, dev ekranlar, güvenlik önlemleri, kameralar, gazeteciler, her şey hazır.

Yarışa 30 bin kişi katılıyor ama nerdeyse o kadar da izleyici var. Şehir tamamen yarışı benimsemiş ve hazırlar.

Start yerinde farklı renklerde giyinmiş gruplar var. Üç saatin altında koşanlar en öndeki grupta fosforlu yeşil giyinmişler. Hemen arkalarında üç ila dört saatte koşan sarı formalılar var. Onların da arkasında mor formalı Can Hocamların grubu. Tüm gruplar yerlerini aldı. Çıktığım yüksek yerden hemen önümdeki maratoncuları görüyorum ama binlerce yarışçı var ve arkaya doğru sonu hiç görünmeyen bir insan kalabalığı hazır bekliyor. Anonslar yapıldı, dijital saat sıfırlandı, startla birlikte en öndeki grup otomobil gibi hızlanarak çıktı. Elimdeki kamerayla çekim yapıyordum. Startla birlikte tuvalet ihtiyacı gelen maratoncular, kadın erkek karışık halde üstüne çıktığım duvarın dibine çömdüler. Kimse diğerinden utanmadan şaldır şaldır işeyerek yarışa devam etti.

Elimde kamera, çekime devam ediyorum ama insan kalabalığı sel gibi akıyor. Can Hocam'a söz vermiştim, belgeselci titizliğiyle çekim yapacağım, anı olarak kalacak. Start yerinin en arkasından mor tişörtlü yarışçılar görünmeye başladı. Ben diyeyim 15 bin, siz deyin 20 bin kişi koşarak geliyor. Hepsinin üstünde mor kıyafetler, nehir gibi koşarak akıyorlar gürül gürül. Belgesel çekeceğiz, Can Hoca'ya söz verdik ama Can Hoca hangisi? Kamera kayıtta ama insan nehri mosmor olmuş, aşağı doğru aralarında hiç boşluk bırakmadan geldikçe geliyor. Bitecek gibi değil.

MARATHON MAN CAN YILMAZ

Yaklaşık bir saat sürdü start. Nihayet en sonuncu da Barcelona caddelerinde kayboldu. Elimde kamerayla biraz sokaklarda dolaştım. Kentteki neredeyse bütün okullar maratona katılmış. Çocuklar, gençler, vurmalı sazlar grubu, trompet koroları, Latin müzik yapanlar... Kentte karnaval havası var. Yarış güzergâhında su, enerji içecekleri, muz, portakal, elma hiç esirgenmemiş. Aklıma Can Hocam'ın katıldığı Avrasya Maratonu geldi. Oraya da çok katılan oluyormuş. Yarışın başında önden gidenler göstermelik gibi koyulmuş yüz tane muzu götürünce, arkadan gelenlere içecek su bile kalmıyormuş. Galata Köprüsü'nden geçen yarışçılara tek bir alkışla bile destek olunmadığı gibi, balık tutanlardan bazıları, "Kim ulan bu dangalaklar, neden koşuyorlar acaba?" diye bakıyormuş. Oysa Barcelona'da durum öyle değil, herkesin maratondan haberi var ve pozitif anlamda çok destek görüyor. Caddelerde böyle hayran hayran dolaşırken... Bir baktım polis motorları önde, bir araba, çakarlar, flaşörler yanıyor (asla siren, korna, düdük yok). Önemli bir devlet adamı geliyor sandım önce. Anaaa... Yarışı birazdan kazanacak adam en önde geliyor. İki saat olmuş, adam çıktığı tempoyla 42 km koşmuş, şimdi finişi geçecek ve 75.000 euro'yu alın teriyle indirip, Kenya'daki köyüne gidecek. Can Hocam beş saat otuz dakikada finişe geldiğinde adam çoktaaan duşunu almış, para ödülünün çekini cüzdanına katlamış olacak. O arada Türkiye'den gelen Yavuz aradı, "Abi çabuk start yerinde buluşalım, burası hem eğlenceli hem de çok yakında Türk usulü çay yapan bir kafe buldum," dedi. Onunla buluştuk. Varış yerine gelen maratoncuları seyrettik, çekim yaptık. 42 km'yi bitirince, yön duygusunu kaybedenleri, kusanları, işeyenleri, bacaklarına kramp girenleri izledik. "Arkadaş bu eziyete değer mi yahu" bile dedik. Birincilik için yarışanlara bakıyoruz. Adam Afrika'dan gelmiş, 42 kilo zaten, bir gram yağ yok. Bu vücutta adam nasıl yağ depolayabilir? Bulunduğu ülkede, yaşadığı topraklarda insanlar açlıktan ölürken böyle bir koşu yeteneği nereden geliyor? Nasıl iki saatte 42 km koşuyorlar akıl alır gibi değil.

Can Hocamız'ın yarışı sonlandırmasına daha iki saat var. Bari gidelim şu demli çayımızı içelim dedik. Sahibi Türk ama çalışanlar Afrikalı. Sokakta masaya oturduk, demli çayımızı içtik, sohbet koyulaştı, çaylar çayları kovaladı. Sonra kendi halimize güldük. Sanki Kanada'dayız, yıllarca vatana gelememişiz, çay diye burnumuzda tütmüş anasını satayım. Ulan daha İstanbul'dan geleli iki gün olmuş, şu şahane şehirde çay içerek mi zaman öldüreceğiz? Güle güle ayrıldık oradan, gittik başka bir mekâna. Şahane tapaslar var, buz gibi biralar, şaraplar var. Mütevazı bir atıştırmadan sonra, "Akşam yemekte buluşuruz," diyerek Çakır Yavuz'la vedalaştık, geldim tekrar yarışın bitiş noktasına. Bekle bekle bekle... Altı saat oldu, Can Hoca yok. Böylece madalya alma şansımız gitti. Sağlık olsun, Hoca finişe gelsin de tek dileğim bu. Elimde kamera, hazır bekliyorum ama nerdeee? Yedi saat oldu, hâlâ yok. Kesin yarışı yarıda bıraktı ama öyle olsa bir araçla finiş noktasına gelirdi şimdiye kadar. O arada görgüsüzce otu boku, her şeyi çekeyim derken kameranın şarjı da bitti. Olacak şey değil... "Keşke çay içtiğimiz yerde şunu şarj etseydim" dedim ama artık vakit çok geç. O andan itibaren, "İnşallah Hoca yarışı bitiremez," diye düşündüm, ne yalan söyleyeyim...

Can Hocam'ın cep telefonunu şortun içine koyup koşacak hali yok. Telefonu bana verdiği için aramızdaki iletişim koptu. Neredeyse yarışın finiş yeri tenhalaşmaya başladı ama son yarışçı gelinceye kadar beklemek durumundalar. Birden uzaktan müthiş bir alkış dalgası yükseldi, Meksika dalgası gibi benim beklediğim yere ulaştı. Bu kadar insan, koşturan kameramanlar, gazeteciler, maraton sevdalısı izleyiciler, görüntü almak için finiş noktasına depara kalktılar. Benim depar atacak bir durumum yok çünkü kamerada şarj yok zaten. Bu kadar büyük coşku ve alkış birinci gelen Kenyalıya bile yapılmadı. "Yoksa Can Hoca mı geliyor?" diyerek kalabalığın peşine takıldım. Aman Yarabbim, 90-95 yaşlarında bir dede (Ben ona Juanito Dede dedim, Can Hoca ısrarla Miquel Dede diyor) 3 yaşında yeni koşturan bir bebe temposuyla finişe doğru geliyor. Yanındaki motosikletli polisler inmiş, yürüyerek eşlik ediyorlar dedeye. Öyle bir coşku ve mutluluk var ki, insana saygısı olan herkes çılgınca alkışa boğduk dedeyi. Kolay değil, 15 yaşından beri sürekli maratonlara katılıyormuş. Bu yaşta bile evine çekilmemiş, nasıl hayranlık uyandıracak bir azim varsa artık; pes etmeden yıllarca 42 kilometre 195 metreyi koşmak, yarışı bitirmek insanüstü bir başarı. Dedeyi finişte yüzlerce insan karşıladı. Kendime nasıl kızıyorum, "Ulan orda çan çan çene yaparken şu kamerayı şarj etmeyi akıl edemedim, ne geri zekâlıyım," diye.

Artık yarışta beklenecek adam da kalmadı, bari yarış kaydını yaptırdığımız büyük binaya gidip Can Hoca'yı sorayım dedim. Birkaç dakika sonra diskalifiye olan, sakatlanan, bacağına kramp giren kim varsa hepsini otobüslerle tıbbi merkeze getirdiler. Çok şükür Can Hoca da geldi. 24. km'de bacağına kramp girmiş, yarışı bırakmış, hemen ayakkabıya takılan çipin iplerini kesmişler. Onu da otobüse almışlar. Ama yarışı en son bitirenlerin arkasından adım adım geldikleri için saatler sürmüş gelmeleri. "Yazık sana Hoca," dedim, "90'lık dede bile yarışı bitirdi, sen yarısında terk etmişsin." "Hep senin yüzünden abi, akşam bana 920 gram eti yedirdin, iki gün Barça sokaklarında gezmekten kondisyon da bitti. Biz seni antrenör-kameraman olarak getirdik ama sen beni bitirdin," diye cevap verdi. Dedim ki:

"Can Hocaaaa akşam et yiyelim, yarın yarış var dedin, 920 gram et neredeyse hayvanın yarısı eder, yapma etme dedim, ben onu 10. km'de yakmış olurum diyen sensin. Şimdi ihale bana mı kaldı yani?"

Neyse ki Hoca ilk şoku atlattı.

"Abi kamerayla beni çekebildin değil mi?"

"O kadar çok çektim ki, kameranın şarjı bile bitti hocam."

Atladık bir taksiye, otele gideceğiz, duşunu aldıktan sonra görüntülere bakacağız. Akşam Rudo bizi yemeğe götürecek, otelde aleti şarja taktık, çektiklerimi izlemeye başladık. Yarışın başında hazırlanırken Can Hoca'yla kısa bir röportaj var, sonrasında hiç yok. Nasıl olsun, zaten binlerce insan akıyor caddeden.

"Buyur hocam, sen kendini bul bulabiliyorsan..."

Görüntüleri hızlı geçiyoruz. Tek bir karede bile Can Hoca yok. Bir yerde yol kenarında çalan liseli gençlerin orkestrasını çekmişim, tam Can Hoca'dan fırçayı yiyordum ki, birden kameranın kadrajına tek başına Can Hoca girdi. Beş altı metre mesafeden pıt pıt pıt koşuyor, ne ben onun farkındayım ne de o benim farkımda, gülmekten yarılıyoruz.

Akşam yemeğinde yine ben suçlandım tabii, vaaayy efendim maratoncu adam yarıştan önce 920 gram eti nasıl yermiş... Neden engel olmamışım... Sonunda, "Can Hoca yarıştan sakatlık yüzünden çekilmedi, aşırı meyve tükettiği için diskalifiye edilmiş, söyleyemiyor," dedim. Avrasya Maratonu'nda binlerce atlet koşuyor, sadece önde gidenlere muz ve su var, burada neredeyse her kilometre başında manav tezgâhı duruyor. Ona değdi, buna değmedi diyerek 20 km'de 20 tane muz indirirsen adamlar da haklı olarak seni hemen yarıştan çeker, otobüse alırlar:

"Kardeş sen Barcelona'ya maraton koşmaya mı geldin, yoksa meyve yemeye mi?"

Gecenin ortasında Rudo bombayı patlattı, masamıza neşe ve heyecan geldi. Ertesi akşam Barcelona-Osasuna maçına bilet bulmuş, gelmişken Barcelona'nın rüya takımını seyredeceğiz. Nou Camp'ta bütün zamanların en büyük futbol dehası Messi'yi izleyeceğiz, daha ne olsun... Hani İspanya kralı, "Yarın akşam yemeğe bekliyorum," dese, hiç kusura bakmasın, Lionel Messi'ye sözümüz var.

Maçın başlamasına otuz dakika kaldı, stada geldik, içeri girip yerimize oturmamız beş dakika sürdü. Çok fazla kapı var ve hepsinden insanlar çabuk çabuk geçiyor. Tam kapıdan geçerken güvenlik görevlisi İspanyolca bir şeyler söyledi, anlamadık. Elimdeki küçük şişeyi gösteriyor, "Bununla stada giremezsiniz," diyor. Su olduğunu söyledik, zarif bir tavırla "Verin bana," dedi, suyu eline aldı, kapağını çöpe attı, sonrada şişeyi uzatıp "Buyurun geçin," diyerek soktu bizi. "Haaa," dedim, "adamlar haklı, şimdi ben aşka gelip kendimi kaybedersem, ağzı kapalı olan şişeyi sahaya atarsam, o su dolu şişe metrelerce yüksekten oyuncuya gelse taş etkisi yapar ama kapağı olmazsa fırlattığın zaman içindeki su boşalacağından kimseye bir şey olmaz." Otuz dakika sonra maç başlayacak ama stat dolmayacak galiba diyorduk, on beş dakika içinde Nou Camp ağzına kadar doldu.

Sağıma soluma bakıyorum. Dünyanın çok farklı yerlerinden gelmiş turistler dolu. Maç esnasında bira satışı serbest, maçın sonuna kadar büfeler açık, biraları karton bardakla veriyorlar. Maç sırasında sigara, puro, pipo kesinlikle yasak. Devre arasında sigara içmek isteyenler için her tribünün sokağa açılan kapıları var. Bir tanesini açıyorlar. İkinci yarıda dışarıdan avantacılar karışmasın diye, sigaraya çıkan herkese bileklik takıyorlar, ikinci yarıya girerken de topluyorlar. Sadece bir kale arkasında fanatik Barça taraftarı var. Onlar maçı seyretmek yerine devamlı şarkılar söyleyip tezahürat yapıyorlar. Adamların maçla ilgilendikleri yok.

Takımlar sahaya çıktı. "Off Allahım, rüya mı bu Hoca!.." Messi şurada, tam karşımızda duruyor. İlk on dakika ortada gibi görünen maçın temposu birden ritim buldu. Rüya takım başladı Osasuna sahasına çökmeye. O ana kadar ortalıkta Messi yok. Çok fazla topla buluşmadı, boş koşular yapıyor, alıyor veriyor, o kadar. Can Hocam engin futbol bilgisiyle yorumlar yapıyor:

"Abi bizdeki şansa bak... Messi bugün tırt, baksana, sahada yürüyor sadece..."

"Acele etme Hocam, şu anda uygun bir zamanda iğnesini sokmak için fırsat kolluyor. Messi benim oğlum, babasını mahcup etmez," dedim. Beş dakika sonra sahneye çıktı. Maç 7-0 bitti. Şu güzel şansımıza bak... Şu fani dünyada Messi'yi ve Barcelona'yı izliyoruz. Maçta tam 7 gol attılar. Can Hocam'ın,

"Bugün tırt," dediği sevgili oğlum Leo Messi, 3 gol 3 asistle oynadı. Barcelona'nın rekorlarını önce egale etti, sonra kırdı. Dev ekranda özel görsellerle herkese duyurdular. On binlerce insan Mesih'miş gibi ayağa kalktı. Ellerini öne ve arkaya dalgalandırarak, "Messi!.. Messi!.." diye coştu. Tribünlerde Osasuna taraftarları da vardı. Karışık düzen oturuyorlardı, ne kavga vardı, ne küfür... Zaten heyecana kapılıp birkaç saniye ayağa kalkan olursa, stat güvenliği müdahale ediyordu:

"Yerinize oturun, arkanızdakilerin görüşünü kapatmayın."

Öylesine müthiş bir atmosferdi gerçekten. Sanki bir sanat gösterisi izledik, ki öyleydi zaten... Kimse kimseye sertlik yapmadı. Sahada ve tribünlerde en küçük bir kavga olmadı. 7 gol yediği halde Osasuna şeref golü kovaladı. Bu onurlu mücadele Barça tribünlerinden müthiş alkışlarla ödüllendirildi. Maç bittikten sonra, "Eee Can Hocam, şimdi söyle bakalım. Eğer şu seyrettiğimiz oyuna futbol deniyorsa, bizim statlarda seyrettiğimiz, yirmi iki delikanlının bir topu deppiklediği spora da futbol mu dememiz lazım?.."

Hoca yine "engin" futbol bilgisiyle cevabı verdi:

"Ne var bunda abi? Aynı Fenerbahçe gibi..."

Ertesi sabah otelden ayrıldık. Gözümüz gönlümüz cennet gibi Barcelona'da kaldı. Maratonda Hocam'ın bitiremediği 42 kilometre 195 metrenin verdiği hüzün, midede hâlâ öğütülmeyi bekleyen 920 gramlık etin ağırlığıyla vatana dönüş...

ADDİS ABABA

2010 senesinde, tekstilci arkadaşım Yiğido'yla beraber Etiyopya'ya gittik. Hayatımda hiç Afrika kıtasına ayak basmamıştım. İlk defa gideceğim için önceden Addis Ababa'yla ilgili biraz araştırma yaptım. Çok önemli bir ayrıntıyı atlamışım. Saat ve mevsim farkını hiç aklıma bile getirmemişim.

Cehennem gibi feci bir yaz sıcağında kan ter içinde kendimizi Atatürk Havaalanı'na atabildik. İkimizin de küçük kabin bagajı var. İçinde daha çok tişörtler dolu. Hatta Yiğido, ne olur ne olmaz diye yedek mayolar ve parmak arası sandaletini bile almış yanına. O cehennem sıcağında dış hatlar bölümüne vardığımızda, binlerce Beşiktaşlı gündüz vakti renkli meşalelerle ortalığı toz duman yıkıyorlardı. Yiğido "Vaay bee," dedi, "taraftar seni uğurlamaya gelmiş, ne şanslısın..." "Oğlum çocuklar gelmiş, Ricardo Quaresma'yı karşılıyor. Biz Afrika'ya gidiyoruz, olacak iş değil, gidelim Ricardo'yu biz de görelim," dedim. Yiğido beni ikna etti:

"Valla uçağı kaçırırız, gidemeyiz sonra."

Uçağa atladık, tam altı buçuk saat yol gittik. İstanbul'dan Afrika'nın ortasına gidiyoruz. Uçağın genel yolcu profiline baktım. Addis Ababa'ya gidiyoruz ama uçakta siyahilerden daha çok beyazlar var. Addis Ababa Havaalanı'na uçak tekeri koyunca camdan dışarı baktık. Zifiri karanlık ve yoğun sis var. Çok fazla bir şey görünmüyor zaten.

Pasaport kontrol noktasına geldik nihayet ama ortada tuhaf bir yavaşlık var ve sırada bekleyen kuyruk başka yerlerden gelen yolcular yüzünden uzuyor. Bizim durduğumuz çizgiyle pasaport kontrolü yapılan yer çok uzak. Bavulunu alan yirmi metre yol yürüyor. Camdan yapılmış pırıl pırıl pasaport kontrol kulübeleri var. Belli ki yeni koyulmuş oraya. Normalde otuz saniye sürmesi gereken işlem, neredeyse otuz dakika sürüyor. Uzaktan bakıyoruz, pasaportu verene sorgu sual de yok. Neyi bekliyoruz anlamak mümkün değil. Klavye başında metalik siyah renkli resmi polisler çalışıyor. Ülkeye giriş yapmak isteyenler de karşısında bekliyor. Neyse ki sıra gelince yavaşlığın sebebini anladık. Bilgisayarda yeni bir klavyeye ve Latin harflerine geçmişler. Daha haftası dolmamış. Altı günlük bir tecrübeleri var. Sınır polisi staj yapıyor, bizler de konu mankeniyiz. Pasaporta bakıp adımı soyadımı yazabilmek için tek tek bütün harfleri arıyor ve tek parmak yazabiliyorlardı. Pasaporta giriş mührünü basınca da iş bitmiyor. Elinde küçük bir poşet bile olsa, X-ray'den geçirmeden asla ülkeye sokmuyorlar.

Haaa aklınıza bulunsun... Diplomatik pasaportunuz bile olsa, eğer vize almamışsanız asla ülkeye sokmuyorlar. "Ne var canım, girişte üç beş günlük vize alırız" diyorsanız, hava alırsınız. Addis Ababa havası değil tabii... Ülkeye gelmeden önce vize almanız gerekiyor. Yoksa geldiğiniz ülkeye aynen geri gönderiyorlar.

Neyse ki son kontrol noktasından geçtik, X-ray'den geçen çantalarımızı da aldık. Artık Addis Ababa'dayız nihayet. Havaalanından çıkışa doğru yürürken hafif bir serinlik hissettim. Yürüdükçe daha da soğuk olmaya başladı. Zifiri karanlıkta binanın dışına çıktığımızda donduk soğuktan. "Sergio Buzkess" olan hava şartları dışarı çıkınca "Boke Donakis" halini aldı. Gecenin soğuğunda ince uzun, sütlü çikolata renginde genç bir delikanlı karşıladı bizi. Yiğido'nun Addis Ababa'ya dev bir fabrika kuran arkadaşı Murat'ın şoförüymüş çocuk. Bir konuşmaya başladı, olacak şey değil. Konuşmuyor, resmen bülbül gibi şakıyor. Mükemmel Türkçe biliyor. Ankara'da Hacettepe Üniversitesi'nde dört yıl okumuş, mezun olmuş. "Adım biraz uzun, bana kısaca Çiçu diyebilirsiniz," deyip çantaları elimizden aldı, arabaya atladık. Çiçu'yu çok sevdik. Otuz dakika içinde şehre gidiş yolunda hızlandırılmış eğitim verdi sağ olsun.

İstanbul'un 38 derece nemli sıcağından yola çıktık, Addis Ababa'da kış soğuğunda, 6 derecede otelimize gidiyoruz. Otelimiz uzaktan nihayet göründü. Otel yolunda bir göbekten döndük. Bir baktım o saatte yaşlı bir dede bağdaş kurmuş çimin üstünde sigara içiyor. Bastonunu çime saplamış, üstüne de muşamba gibi bir şey atmış, dertli dertli oturuyor. "Yazık lan, dedeyi uyku tutmamış demek ki..." diye düşündüm, yanılmışım. Gün ağarınca gündüz gözüyle gördük, duruma uyandık. Orası dedenin eviymiş meğer. Tam 4 gün kaldık. Gece gündüz dede hep oradaydı.

Otelin terasına çıkınca muhteşem bir yeşillik gördük. Ama onun hemen ardından on binlerce insan tenekeden ya da mukavvadan yapılmış evlerde yaşıyor. Çiçu'nun söylediğine göre, seksen farklı dil ve sekiz dini inanç bir arada yaşıyormuş. İnsanlığın bütün dinleri ve uygarlığı bu topraklarda doğmuş. Çiçu, "Kahveyi biz bulduk, keyfini siz çıkarıyorsunuz" diyor, takılıyor bize.

Çiçu bizi otelden aldı, fabrikaya gittik. Etiyopya yatırım yapmak isteyenlere çok cazip imkânlar sağlıyor. İnsanlar iş ve aş verecek yatırımcıları el üstünde tutuyor. Devlete ait istediğin büyüklükteki bir araziyi sana kırk dokuz yıllığına bedava veriyorlar. Yedi sene yatırımcıdan vergi almıyorlar. Ülkede yeterli sanayi ve teknoloji olmadığı için Süveyş Kanalı üzerinden deniz taşımacılığına özendiriyorlar. Yiğido'nun arkadaşı Murat'la nihayet tanışıyoruz. Fabrikanın orta avlusunda iki büyük bayrak dalgalanıyor. Etiyopya bayrağı ve Türk bayrağımız yan yana... Fabrikada mesleğinin erbabı olan mühendisler, ustabaşı ve ustalar Türkiye'den gelmiş. Fabrikanın aşçısı bile Türk. Murat koca tekstil fabrikasını bize gezdiriyor ve anlatıyor. Öylesine gurur duyulacak bir tesis kurmuş ki, duygulanmamak elde değil. Sanki kendi fabrikammış gibi mutlu oldum. Çalışanların hepsi genç, ya üniversite mezunu ya da okuyan çocuklardan oluşuyor. Çalışma koşulları, mutfak, sosyal imkânlar çok etkileyici. Kimse boş durmuyor. Laklak yapan, boş oturan kimse yok. Karıncalar gibi çalışıyorlar, düzenli besleniyorlar ve inanılmaz derecede mutlular. Fabrikada çalışanların dini inançlarının gereklerini yerine getirebilmeleri için hepsinin ibadet alanı bile düşünülmüş. Tekstille ilgili aklınıza gelebilecek her siparişi dünyanın her yerine zamanında yetiştirebilecek müthiş bir sistem kurulmuş.

Fabrikadan çıkıyoruz, Çiçu bize şehri gezdirecek. Sokaklarında namaz kılan insanlar da var, onların az ötesinde kalabalığı toplayıp İncil okuyanlar da... Ülkede ciddi bir yoksulluk var ama inanca saygı meselesini çözmüşler. Şimdi ufak ufak kabileler arasında sürtüşmeler başlamış. İnşallah daha kötü şeyler olmaz. Çiçu'ya diyorum ki, "Yerin altı da üstü de çok verimli. Yirmi beş seneye kalmaz bu ülke Afrika'nın yıldızı olur." "Olsun tabii SAFFER Abi," diyor.

Buraya yatırım yapan başka Türkler de var mı diye merak edip soruyoruz. Şehirde onları da bulduk sonunda. Konya'dan gelip kuyumculuk yapan biriyle tanıştık. Diğeri de Denizli'den gelmiş, taş fırında pide yapıyor. Ayrıca tavuk ve et döner satıyor. Yemek üstüne demli çayla nargile de veriyor. Dükkâna bakıyorum, tıklım tıklım... Ülkeye gelen turistler de orada, Etiyopyalılar da... Biz, dükkân sahibi ve Konyalı kuyumcu, resmen yabancı kaldık orada. Murat bizi akşam yemeğine sürpriz bir yere götüreceğini söyledi. 70'li yaşlarda İtalyan bir çiftin işlettiği İtalyan restaurantına gittik. Addis Ababa'ya kırk sene önce gelmişler. Sevmişler burayı ve bir restaurant açmışlar. Bütün malzemeler İtalya'dan uçakla getirtiliyor. Yaptıkları her şey inanılmaz lezzetli. Çok mütevazı bir restaurant ama özellikle büyükelçiler ve işadamları devamlı buraya geliyor. Yer bulabilmek çok çok zor. Günler öncesinden rezervasyon gerekiyor. Saat 18'den önce açık değil. Çift rezervasyon alıyorlar. Ya erken yiyip kalkacaksın ya da gecenin ortasında gelip saat 24.00'te kapanışı yaparak evine gideceksin. Kapı önünde, belki daha erken kalkan ya da rezervasyonunu iptal eden olur ümidiyle bekleyen Avrupalılar var. Karıkoca bütün masaları dolaşıp "Hoş geldiniz," diyorlar, "Yedikleriniz, içtikleriniz nasıldı?" diye ilgileniyorlar. Orada İtalya'nın turizm elçileri gibi çalışıyorlar.

Restaurantın bana en komik gelen yanı garsonları oldu. Çalışanların hepsi Etiyopyalı, çikolata renkli ya da bitter çikolata renkli, beyaz giyimli, yakalarında İtalyan bayrağı rozeti olan garsonlar... Bazı müşterilerle İtalyanca konuşuyorlar. Çok sempatik ve komikler.

Addis Ababa'da dolaşırken, ten rengimizden yabancı olduğumuz hemen anlaşılıyor. Özellikle çocuklar ürkek ürkek yanaşıyorlar daha yakından görmek için, sonra gülerek sağa sola kaçışıyorlar.

Şehrin bir meydanında küçük bir lunaparka rastladık. Arabayı park edip daldık içeriye. Çok demode malzemelerle dolu. Sanki 1960 yılındaki bir lunaparkın tüm eğlence araçlarını hafif restore ederek koymuşlar. Mesela dönme dolapta dört tane vagon vardı. Arada takılınca şalteri açıp kapatarak yeniden çalıştırıyorlar. Küçük, bahçe gibi bir boşlukta platform sahne gördük. Önünde yaklaşık iki yüz kişi vardı. Sahnedeki adam elinde kötü bir mikrofonla anlatıyor da anlatıyor... Çiçu, "Stand-up yarışması yapıyorlar. Katılan herkesin on dakika süresi var. Performansını sergiledikten sonra selam veriyor. Sahneye bozuk para atıyorlar. O paraları toplayıp teşekkür ediyor, sonra sıra başkasına geliyor," diye açıkladı durumu. İlk gördüğümüz Etiyopyalı genç, rapçi şapkası takmış, milleti güldürüyordu. Anlattıklarından bir şey anlamak mümkün değil. "Çiçu, bu adam ne söylüyor da insanlar gülüyor, anlat bize Allah aşkına," diyorum. Utanıyor, kem küm ediyor. Nihayet anlıyoruz. Çocuk evlenmek istiyormuş ama parası yokmuş. Kızın babası da para istemiş bundan, bizdeki başlık parası gibi. "O parayı sana vermektense, cinselliği ve mutluluğu bulmak için başka yollar denerim," diyormuş. Küfürlü konuşup çok fazla argo ifade kullanıyormuş, insanlar da gülüyormuş.

Sonrasında iki genç aynı anda sahneye çıktı. İki sandalye ve iki mikrofonla bir gösteri yaptılar, bayıldım. Köylerinden eski bir arabayla şehre giderken yolda başlarına neler gelmiş, canlandırarak anlattılar. Başka ülkelerden gelen izleyiciler de vardı bizim gibi. Herkesi gülmekten öldürdüler. Dillerini hiç bilmediğimiz halde yaptıkları her şeyi aktarabildiler. O iki sandalye, yan yana koyulunca birden otomobil oluyor. Ağızlarıyla her efekti yapıyorlar. Araba bozuluyor, sandalyeler bu kez çadır görevi yapıyor. Uykudan önce birleştirilip yatak oluyor. Yolda bunlara birileri saldırıyor. Sandalyeleri insan gibi kullanıp dövüyorlar, sarılıp yerde boğuşuyorlar. Çok güzel bir performanstı, sanıyorum en çok bahşişi onlar topladı. Sonra yağmur başlayınca hemen arabaya atlayıp tekrar fabrikaya döndük. Yiğido'nun Murat'la işi var. Eee ben ne yapacağım? Çiçu sonunda beni aldı, Addis Ababa Üniversitesi'ni gezmeye götürdü.

Addis Ababa Üniversitesi çok eski bir üniversite ve çok etkileyici binaları var. Bir binadan diğerine bahçeden geçerken öyle bir yağmur boşandı ki, olmaz böyle şey, sular seller götürüyor. Allah'tan arkadaşımız tekstilci. Manisa Tarzanı gibi gelmişiz İstanbul'dan, verdiği botlar ve yağmurluklar sayesinde hayatımızı kurtardı. Yağmur biraz dinsin diye beklemek için bir saçak altına girdik. Yanımıza koşa koşa beş altı yaşlarında ayakları çıplak, donuna kadar ıslanmış bir çocuk geldi, sığındı. Çocukla konuşmak istiyorum. Çiçu bana tercümanlık yapıyor ama çocuk çok utangaç. O güzel kara gözlerini hep kaçırıyor.

ADDİS ABABA ÜNİVERSİTESİ

"Üşüyor musun?"

"I-ıh..."

"Karnın aç mı?"

"I-ıh..."

"Sana bot ve yağmurluk verelim mi? Arabamızda var."

"I-ıh..."

Ne desek boş... Elimi cebime attım, 20-25 dolar para var, uzattım, almadı. Çiçu'ya, "İçimden geldi, bunu ona hediye olarak vermek istiyorum. Dilenci olmadığını biliyorum," dedim. Çiçu dediklerimi çevirince ilk defa gülerek yüzüme baktı. Parayı aldı ve yağmurdan kâğıt gibi olmuş pantolonunun cebine tıktı.

O müthiş yağmura aldırmadan çıplak ayaklarıyla vıınn diye gözden kayboldu. "Neden kaçtı Çiçu, yoksa utandı mı?" diye sordum. "Saffer Abi, sen onun ailesinin bir aylık mutfak masrafını karşıladın, parayı geri alırsın diye korktu," dedi. Sonra da çocuğu olmayıp evlat edinmek isteyenler için Etiyopya'nın çok büyük kolaylıklar sağladığını anlattı. Beş çocuğu olan da var, on çocuğu olan da. Aileler hiç olmazsa giden çocuk hayatını kurtarır, onun satışından gelen para da diğerlerini yaşatır diye düşünüyorlarmış.

Dört günlük gezimizin sonunda dönüş uçağımızın yolcu profiline baktım. Yine büyük çoğunluk beyazlardan oluşuyordu. Orta yaşlı Avrupalı bir çiftin yanında kömür gözlü, siyah kıvır kıvır saçlı küçük bir misafirleri vardı. Onlar çok mutluydu ama ufaklık, aynı Addis Ababa Üniversitesi'nin bahçesinde gördüğüm zeytin gözlü kara boncuk gibi hep önüne bakıyordu. Onu nasıl bir hayat bekliyordu acaba? Mutlu olabilecek miydi? Gittiği ülkede insanlar ona nasıl davranacaktı? Anasını, kardeşlerini tekrar görebilecek miydi? Belki de hiç göremeyecekti. Uçak pistten yükselip altımızdaki yemyeşil ormanlar gözden kaybolurken Yiğido'yla dertleşeyim istedim. Aaa bir baktım, Yiğido hakkın rahmetine kavuşmuş!.. "Uçak pistin başındayken bir insan evladı nasıl bu kadar çabuk uyur?" diye düşündüm. Kurallar çerçevesinde hafif bir omuz şarjıyla uyandırıp ufak çocuğu gösterdim ona. "Yiğido ne diyorsun bu işe?" diye sordum. "Valla iyi iş, helal olsun Murat'a," dedi, tekrar rahmetli durumuna geçiş yaptı. İstanbul'a kadar hiç uyanmadan, altı buçuk saat ölüm uykusuna yattı.

İstanbul'a inince körükten çıkarken ufaklığa yetiştim onu daha yakından görmek için. Biraz daha rahatlamış gibiydi. Belli ki ilk defa uçağa binmişti. Aktarma yapacakları kapıdan geçerken ona kendimi belli edip şans dilemek istedim. Hafif melodili bir ıslık çaldım. Döndü, gözlerinden yakaladım. El salladım güle güle diye. Sadece gözleriyle güldü ve kayboldu...

HAMZA ÇOBANOĞLU

KOLOMBO HAMZA

Türkiye'nin tek kanallı TRT döneminde yayınlanan efsane bir dizi vardı, *Komiser Kolombo*. Peter Falk'ın oynadığı Kolombo karakteri o dönemde sadece ülkemizde değil, yayınlandığı bütün ülkelerde çok büyük bir hayran kitlesi yaratmıştı. Ağzında çoktan sönmüş sigara, kirli buruşuk bej pardösüsü, olay mahalline gelirken ve giderken gördüğümüz döküntü arabası, dilinden düşürmediği ama hiç görmediğimiz akıllı karısıyla o dönemde çok önemli bir figürdü o. Kolombo'yu diğer komiserlerden farklı kılan en büyük özelliği, hiç silah kullanmamasıydı. Cinayeti zekâsıyla çözerdi. Önce çok saf ve salak gibi görünür, bölüm sonunda katilin yalanlarına inandığını sandığınız anda birden geri döner ve şöyle derdi:

"Aaah affedersiniz bayım, sizi çok yordum ama son bir sorum daha olacak."

Bunu söylediği anda cinayeti çözdüğünü ve katili ifşa edeceğini hemen anlardınız. Katil kaçmaya ya da silah çekmeye teşebbüs edeceği zaman, ya perdeyi açıp dışarda bekleyen ekip arabalarını ve polisleri gösterirdi ya da eve polisler girerdi saklandıkları yerden çıkarak...

KOMİSER KOLOMBO'YU CANLANDIRAN PETER FALK

Komiser Kolombo'nun bu denli popüler olmasında oyunculuk ve senaryonun yanı sıra Türkiye'de yapılan dublajının çok iyi olmasının payı büyüktü. Kolombo'yu rahmetli Savaş Başar konuşuyordu. Zaten bütün Türkiye de onu taklit etmeye çalışıyordu. Peter Falk'a benzeyen ya da enteresan tipli ne kadar adam varsa Kolombo diye isim takılırdı. Onun dışında Falkonetti adı da çok popülerdi. *Zengin ve Yoksul* dizisinin en kötü karakteriydi Falkonetti...

Kolombo Hamza, bu lakabı fazlasıyla hak eden biriydi. Öncelikle Kolombo'yla meslektaştılar. Eski bir polisti, bir dönem sivil dedektiflik de yapmıştı emniyet teşkilatında. Hamza Çobanoğlu, yani Kolombo Hamza, bizim sülalenin en yaşlı kişisiydi. Hepimizin dedesiydi. 1902'de Erzurum Aşkale'de doğdu, 1993'te Bursa'da vefat etti. Ana tarafım üç kız, iki erkek kardeşti. Hamza Dede en büyük teyzemiz Melahat Hanım'la evlenmiş, çoluk çocuğa karışmıştı. Sülalemize damat gelmiş çok eski bir emniyet mensubuydu.

1902 doğumlu olduğu için Osmanlı-Rus savaşlarını sık sık anlatırdı. Ayrıca 1. ve 2. Dünya Savaşlarını da yaşamıştı. Koca bir tarihti o. 1877-1878 Osmanlı-Rus Savaşı'nda yenildiğimiz için Kars ve Batum Ruslara bırakılmış, tam kırk yıl Rusların elinde kalmış. Kars'ın Arnavut taşlı geniş caddeleri ve eski taş binaları hâlâ ayakta duruyorsa bu, Rusların mühendisliği sayesinde olmuş. Hatta o dönemde opera binası bile yapmışlar.

Hamza Dede, Kars'ın Rus işgaline çocukken tanık olmuş. Hep anlattırır, sanki ilk defa duyuyormuşuz gibi dinlerdik. O kadar çok kar yağmış ki, günlerce kapıdan kafalarını bile çıkaramamışlar. Kar kalınlığı yaklaşık üç metreye ulaşmış. Yollar kapandığı için sadece kapının önünü soluk alacak kadar küreyerek ve evler arasında tünel gibi labirentler açarak insanlar birbirlerinden haberdar olmuş. En sonunda açlık iyice kendini belli etmiş. İşgal altındasın, yakacak tezek bile kalmamış, giyecek nasıl olsun...

"Hiç unutmam, anam elime boş bir tencere verdi, git fayton pazarında Rus askerlerinden yemek iste, yoksa öleceğiz diyerek. Çıplak ayaklarıma yırtık kara lastiği geçirdim ve adam öldüren soğukta, kar tünellerinin arasından geçtim, yürüdüm yürüdüm, sonunda fayton pazarına vardım. Rus askerleri büyük bir kıl çadırın altındaydı. Çok kalabalıktı ve dev gibi bir ateş yakmışlardı. Ateşin etrafında koca kazanlarda yemek vardı. Boş tencere elimde, soğuktan mosmor olmuşum, öylece bakarken bir Rus subay beni yanına çağırdı, çıplak ayaklarımı gösterdi. Elimden tencereyi aldılar. Önce korktum ne yapacaklar diye. Neyse ki ateşe yakın bir yere oturttular ısınayım diye, ayaklarıma su almayan bir bot verdiler, üstüme kalın keçeden bir örtü attılar, kemiklerim ısındı. Sonra genç Rus subay boş tencereyi alıp bir Rus askere verdi. Asker ağzına kadar nohutlu pilav doldurdu. Ateş gibi yanıyordu tencere, elime de subayın adının yazılı olduğu bir kâğıt tutuşturdular. Ne zaman yemek bitse, evde yakacak bir şey kalmasa, anam o kâğıdı ve boş tencereyi elime verip gönderiyordu. Ruslar beni hiç boş göndermediler. Her defasında bir tencere yemek, yakacak bir çuval dolusu tezek ve tahta."

Kolombo Hamza bu iyiliği hiç unutmadı. Hamza Dedemiz hayatı boyunca Rusları hep sevdi. En önemli vefayı da nohutlu pilava gösterdi. Evde her gün nohutlu pilav pişerdi. Teyzem Meloş çok güzel yemek yapardı ama Hamza Bey nohutlu pilava gösterdiği sevgiyi başka hiçbir gıda maddesine göstermezdi. Varsa yoksa nohutlu pilav ve yoğurt. Ölünceye kadar da hiç vazgeçmedi. Teyzem çok kiloluydu. Hamza Dedemiz ise tam tersine çok zayıftı, yaklaşık elli kiloydu. Kafada devamlı fötr şapka, gömlek, kravat, yelek, kumaş pantolon... Evde bile aynı kostüm ve fötr şapkayla otururdu. Belli bir yaşa kadar iki paket Birinci ya da Bafra içti. Sonra birden bıraktı. Beş vakit namazını kılar, hiç aksatmazdı. Ya evde ya camide namazını kılardı. Eve kim gelirse gelsin, ilk sorusu hazırdı:

"Aç mısınız? Bak çekinmeyin, burası sizin eviniz. Açsanız söyleyin."

Hiç pes etmezdi.

"Oğlum aç mısınız?"

En nihayetinde buzdolabının önüne çağırır, dolabın kapağını açar, içerdeki dolu kapları işaret ederdi.

"Oğlum dolap dolu Allah'a şükür, açsanız yiyin oğlum."

Yedirmeyi severdi ama kendisi çok az yerdi. Sabah kalkar, namazdan sonra bir tas çorba, öğle olunca bir kâse yoğurt (içine ekmek doğrardı). Akşam da az çorba, yoğurt ve nohutlu pilav. Her yere yürüyerek giderdi. Az yemek ve çok yürüyüş sayesinde hep fit ve dinç kaldı.

Bursa Setbaşı Mahallesi'nde Sakaldöken Yokuşu'nda otururdu. O yaşta yokuşu öyle hızlı çıkardı ki, herkes ona hayranlıkla bakardı.

"Oğlum hayatta bazı meslekler vardır, onların emekliliği olmaz. Asker, polis ve doktor hayatının sonuna kadar o mesleğin adamıdır. Göreve çağırırlarsa gitmem diyemezsin, olmaz," derdi. Erzurum, Kars, Sinop ve Bursa'da görev yapmış, sonra da emekli olmuştu. Bazen aşka gelir, eski fotoğraflarını ve belgelerini gösterirdi. Takdirnamelerinin yanında taaa o yıllardan beri peşinde olduğu ama izini kaybettiği adamların resimlerini muhafaza ederdi. "Yapma dede, adam bu resimde 20-25 yaşında, aradan elli yıl geçmiş, çoktan ölmüştür. Diyelim ki yaşıyor. Bu resme bakıp 75 yaşındaki adamı nasıl tanıyıp gözaltına alacaksın?" derdik. Kolombo rüzgârıyla beraber Kolombo Hamza adını almanın verdiği gururla koltukta geriye kaykılır, "Ulan serseri oğlu serseri, bana Kolombo Hamza derler, 100 yaşında bile olsa ben adamı gözlerinden tanırım," derdi. Genelde başarı hikâyelerini anlatırdı ama biz daha çok başarısızlık hikâyelerine gülerdik. Zaten bir şekilde konu oraya gelirdi ve hiç gocunmadan anlatırdı.

Kars'ın kırk yıllık Rus işgalinde konsolosluk açılmış. Hatta Ruslar, Bolşevik ayaklanması sırasında Doğu Cephesi'nden geri çekilmişler ama uzun yıllar Kars'taki konsoloslukları kalmış. Anadolu'nun Batı'nın eline geçmesindense Türklerin elinde kalmasının daha iyi olacağını düşünerek, çekildikten sonra bile silah ve mühimmat yardımında bulunmuşlar bize. O dönemde gencecik bir polis memuru olan Hamza Dede'ye sivil bir görev vermişler. Demişler ki, "Rus konsolosunu takip edeceksin, bu adam ve ailesi yıllardır Kars'ta yaşıyor, herkesin içindeler. Kimlerle görüşüyor, bir alışverişi var mı, komünist mi yetiştiriyor, propaganda mı yapıyor? Şunu takip et ve rapor getir."

Konsolos, karısı ve çocukları Kars'ta tanınıyor ve seviliyorlar. Zaten geçen zaman içinde Türkçeyi de öğrenmişler. Evlerine misafirler geliyor, onlar misafirliğe gidiyor. Kapalı kapılar ardında gizli bir hayatları yok. Sosyal hayatın içindeler yani. Günlerce çaktırmadan sivil kıyafetle Rus konsolosunu takip etmiş, notlar almış, nerelere gidiyor, kimlerle görüşüyor diye. Konsolos caddede yürürken kahveye girmiş, oturmuş. Kendine çay söylemiş, Karslı hemşerileriyle tatlı tatlı sohbet ediyor. Bizimki de bir süre sonra kahveye dalmış. Kahvenin ortasındaki büyük sobayı kendine siper etmiş, konsolosun arkasında bir yere oturup çay söylemiş. Kars'ın soğuğu adamın ciğerini söker. Kahveci çırağı devamlı dev sobaya tezek, odun ve kömürü bastıkça soba nar gibi olmuş. Kolombo Hamza'nın sıcaktan gözkapakları açılmıyor, müthiş bir uyku hali tabii. Sonunda kahve masasının üstüne kapanmış ve mışıl mışıl uyumuş. "Ne kadar uyumuşum haberim yok oğlum," diye anlatırdı. Uykudayken biri bunu dürtmüş.

"Şiişşşt Hamza Bey, Hamza Bey uyansana yahu..."

Dede gözünü bir açmış ki, Rus konsolos karşısında.

"Hamza Bey ne oldu? İnsan takipteyken hiç uyur mu? Hadi ben gidiyorum, düş peşime..."

Günlerdir adamı gizli gizli takip ettiğini sanıyormuş. Oysa konsolos daha ilk günden bunu fark etmiş ve Karslılara sormuş:

"Bir süredir peşimde gezen sivil bir adam var. Kimdir, neyin nesidir?"

Kars zaten küçük bir yer olduğu için adam adını bile öğrenmiş bunun.

"Eee peki ne oldu, takibe devam mı?"

"Dalga geçmeyin ulan serserioğlu serseriler, o saatten sonra takip yapılır mı?"

Hamza Dede'nin bir de gözaltına aldığı adamın kucağında karakola gelmesi var, o zaten tek başına skeç olur. Kars'ta yine karlı buzlu bir kış mevsimi. Dede'ye ihbar geliyor. Cumhuriyet Oteli'nin karşısındaki kahvede Digorlu bir adam var. Kan davası sebebiyle üç dört kişiyi öldürmüş. Kahvedekiler adamın yabancı ve şüpheli olduğunu bildirmişler, gidip bakması lazım. Kars'ta yine karda buzda kaya kaya kahveye girmiş. Gitmiş, ocaktan çay alma dümeniyle soruşturmayı yapmış. Geçmiş sota bir yere oturmuş. Dağ gibi iri Digorlu zanlıyı gözlem altına almış. Uygun bir zamanını bekliyor tutuklamak için... Derken, Digorlu elinde çayıyla kendi masasından kalkmış, gelmiş bunun karşısındaki sandalyeyi çekip oturmuş.

"Selamın aleyküm, müsaade var mı?"

Bizim Dede'ye doğru eğilmiş.

"Beni almaya geldin abi, anladım. Ben dört kişiyi vurdum. Yoksa onlar beni öldürecekti. Kaçtım, Kars'a geldim. Senden tek isteğim, beni burada milletin içinde kelepçe takıp mahcup etme, boynumu eğdirme. Çayımızı içelim, paşa paşa seninle geleceğim, namus sözü."

Kolombo Hamza olarak hemen bir değerlendirme yapmış kendi kendine.

"Peki ya dışarı çıktığımızda kaçarsan ne olacak?"

Digorlu elini beline atmış kahvedeki kalabalığa çaktırmadan. Dört kişiyi vurduğu kara vicdanlıyı masanın altından uzatmış.

"Al silahımı, kaçarsam vurursun."

İkisi birlikte kahveden çıkmışlar, buz tutmuş sokaklarda sohbet ede ede karakola gidiyorlar. Digorlu teslim olacak. Birdenbire Hamza Dedemiz buzda kaymış, havalanmış ve kalçasının üstüne düşmüş. Düşmenin şiddetiyle kalça kemiği ve dirseği kırılmış. Acılar içinde, üstelik hiç adım atacak hali yok... Tutuklamaya götürdüğü Digorlu hiç üşenmeden bunu kucağa almış, o karda kışta metrelerce yürüyerek karakola kadar gelmişler. Digorlu emniyet teşkilatından aferini almış ama Kolombo Hamza bu olayla hatıralarda derin ve unutulmaz bir yer edinmiş.

Hamza Dedemiz'in bir kemik hastalığı vardı. Sürekli bir yerleri kırılırdı ama hemen kaynardı. Nohutlu pilavın yanına et suyu çorba, paça çorba gibi ilaveler yapar, çorbalarını düzenli içer, şaşılacak derecede hızlı şekilde kırık yerler kaynardı. "Oğlum hiçbir derdim yok, Allah'a şükür çok iyiyim, tek şikâyetim kemiklerim. Benim bütün kemiklerim 'mugevve' (mukavva) gibi. Ama olsun, çorbayı içince kaynıyor, yoksa çoktan elden ayaktan düşerdim," derdi.

Kolombo Hamza emekli bir polisti ama memleketin siyasetini çok yakından takip ederdi. Evde yemek masasının arkasındaki büfe sergi alanı gibiydi. Kendi gençlik yıllarında kalan, bir de torunlarına ait olan fotoğraflarla, biblolarla, şekerliklerle, incik boncuklarla doluydu. Tam yaslandığı duvarda ise üç resim eve girenin hemen ilgisini çekerdi. En büyük çerçevede Atatürk, ondan biraz küçük olan çerçevede İsmet İnönü, en küçük çerçevede de Bülent Ecevit'in resmi yer alırdı. Büfedeki daha küçük bir çerçevede ise Bülent Ecevit'in asker miğferli bir resmi ve altında "Kıbrıs Fatihi Karaoğlan" ibaresi. Kıbrıs Barış Harekâtı'ndan sonra memleket seçime gitmiş, CHP en çok milletvekilini çıkarmıştı ama 226'yı bulamadığı için dışarıdan 11 milletvekiline bakanlık teklif ederek iktidara gelmişti. Dede bu işe feci kızdı. Tarihte iz bırakanlar köşesinden Eco'nun resimlerini hemen kaldırdı. 70 yaşında birdenbire Türkiye İşçi Partisi'ne gönül verdi. Memlekette 1980 öncesinde sokaklarda takır takır insanlar vurulurken, Bursa Mahfel Kahvesi'nden çıkıp caddelerde sol bildiriler dağıtmaya başladığı haberini aldık. "Yapma Dedem, etme Dedem, vururlar seni," dedik. Hiç kimseyi dinlemedi. Gözünü korkutmak için bazı geceler sesimi değiştirip evine telefon ediyorum. Evdekiler gülmekten yıkılıyordu.

"Aloo... Bana bak ihtiyar, ayağını denk al, komünist misin sen? Bak bu işlerden vazgeç, yoksa evinin önünde pusuya düşürürüz, ölürsün, yazık olur."

"Bana bak ulan, bana Kolombo Hamza derler, polisim ben, evde tabancam var! Allah'tan başka da kimseden korkmam!"

Telefonu kendine güvenli şekilde ve hiç geri vites yapmadan ÇAATT! diye kapatırdı. Ama telefonun başında beklerdik, iki dakika sonra babamı arardı:

"Cevdet yarın akşam bize yemeğe gelin, çocuklar da gelsin."

"Hayırdır abi ne oldu?"

"Yahu şimdi telefonda uzun sürer, yarın gelin, konuşuruz."

Ertesi akşam evine giderdik. Oooo bütün sülaleyi toplamış meğer... Yemek faslından sonra savunma dersleri başlardı.

"Evladım caddede yürürken devamlı sağa sola, öne arkaya bakın, dikkatli olun. Benimle beraberken sokakta silah sesi duyarsanız hemen yere yatın, gerisini bana bırakın."

Biz de bu oyunu devam ettirirdik.

"Hayırdır ne oldu yahu? Niye durup dururken seferberlik ilan ettin?"

Benimle yaptığı telefon konuşmasını bütün sülaleye bir daha anlatırdı. Sesimden tanımadığı için zokayı yutmuş tabii. Arada telefon eden terörist olarak ne küfürler gelirdi şahsıma. Bütün ciddiyetiyle telefon konuşmamızı tekrar tekrar anlatırdı. Çok gülüyoruz diye yine fırçamızı yerdik.

"Gülün ulan gülün, serseri keratalar! Memleketi eli silahlı dürzüler doldurmuş, siz gülün bakalım!"

Evin bütün perdelerini sıkı sıkı kapattırırdı. Bir santimlik açıklık görse, "Evladım şu boşluk tam benim alnıma göre. Ben tedbirimi alayım da gerisi Allah'a kalsın," derdi. Sokaklarda huylandığı biri olursa, önce kendi kimliğini gösterir, sonra da adamın GBT'sini yapardı. "Yahu Dedem senin gözlükler zaten şişe dibi gibi, adamın kimliğini bile göremiyorsun. Emekli adamsın, gidip keyfine baksana," derdik ama dinlemezdi.

Bursa Setbaşı Köprüsü'nün dibinde Mahfel Kahvesi vardı. Ağaçların gölgesinde, Setbaşı Deresi'nin sesini dinleyerek, bazen tek başına oturur, ezan okununca Yeşil Cami'ye gider namazını kılar, sonra da tekrar Mahfel Kahvesi'ne dönüp otururdu. Bir gün üst tarafta, masalarda takır takır eşli bilardo oynuyoruz. Liseli arkadaşlarım da Dede'yi sayemde tanıdılar, seviyorlar. Özellikle cebime çocukların yanında bozuk para tıktırıp, "Oğlum parasız gezme, arkadaşlarına çay kahve ısmarlarsın," demesi yok mu, ona tepinerek gülüyorlar. Kolombo Hamza çayını içip caddeden gelene geçene bakarken, küçük bir trafik kazası oldu. İki araba ÇAAAT diye çarpıştılar. Kahvenin üst salonunda oyunu bıraktık, caddeye bakıyoruz hepimiz. Adamlar ne oldu diye arabadan inmişlerdi ki... Arkadan gelen damperli bir kamyon yolu kapattıkları için Setbaşı Caddesi'nde havalı kornaya asıldı. Böyle bir gürültü ve iğrenç bir yaygara bir kamyonda korna diye nasıl tasarlanmış diye hayret ettik, o derece yani. Tam koro halinde bütün kahve kamyoncuya sülale boyu saydıracaktık ki... Birden aşağıdan Kolombo'nun sesini duyduk:

"ÇALMA ULAN PEZEVENK! ÇALMA!!!"

Yahu ihtiyar bir delikanlıdan böyle ses nasıl çıkar? Sadece kahve ahalisi değil, gelen geçen, yoldaki araçlar, kaza yapan ağabeyler, havalı kornayla "huzur siken" kamyoncu bile TISSS... oldu. Kahveden kalkıp hızla kamyoncunun yanına doğru hareket alınca, Cumhuriyet Lisesi grubu olarak elimizde bilardo ıstakalarıyla fırladık peşinden. "UYUYAN ÇOCUK VAR, HASTA VAR, NİYE ÇALIYORSUN ULAAANN!" diye tenoral bir forteyle ve elli kiloluk fötr şapkalı bedeniyle kamyoncunun yanını geldi.

"İn bakıyım sen aşağı!"

Huzur siken kamyoncu dayılanan kararlı ihtiyara şöyle bir baktı. Sonra arkasında ıstaka sopalarıyla bekleyen U17 genç milli takımını görünce adeta sütten kesildi. Kamyondan süzülüp çaresizce indi. Kolombo Hamza hemen arka cebinden eski polis kimliğini çıkardı. Kamyoncu olayın şokunda olduğu için kimliğe baksa bile bir şey görecek hali yok. Sağlam bir medeniyete davet fırçası... Ardından GBT'si yapıldı. Kimlik, ruhsat, ehliyet ne varsa hepsine el konuldu. Biz de o arada kamyoncuya yükleniyoruz.

"Ayıp değil mi ağabeyciğim, şehir içinde bok mu var bu iğrenç kornaya asılıyorsun? Caddede kalabalık var, kaza yapan iki araba ortada!"

Damperli kamyon, etrafında eli sopalı gençler ve üstüne meraklı halkımız olaya ilgisi... Duyan geldi, duyan geldi...

Sonunda gerçekten polis ve trafik polisi beraber geldi. Dede kendi kimliğini gösterdi. Gelen polislerin hemen amiri oldu. Karizmasıyla olay yerine hâkim oldu. Çarpışan arabalar yolu açıp gittiler, kamyoncuya önce sağlam fırça atıldı, sonra meskun mahalde havalı korna çaldığı için para cezası kesildi. Bizlere de "Hadi oğlum dağılın, polisin işine karışmayın, gidin oyununuzu oynayın," uyarısı yapıldı. "Emredersin komiserim, diyerek elimizde ıstakalarla setin üst katında bilardoya devam ettik. Oynadığımız yerden Setbaşı Mahfel Kahvesi'ne baktık. Kolombo Hamza olay yerine gelen polislere çay ısmarlamış, onlarla sohbet ediyordu.

Kolombo Hamza'nın, yani Hamza Dedemiz'in hayatımda bıraktığı iki izi hiç unutmam. Çocukken ilk defa bana boza içiren ve sevdiren adamdı. Hayatımda ilk bisikletimi de bana o almıştı.

Doksan üç yıllık ömrü boyunca hiç oturmamış, hep hareket etmiş çılgın bir figür olarak akıllarda yer etti. Zaman zaman mukavva gibi ince olan kemikleri kırılırdı. Sonra tekrar kaynardı. Hiç hastalanmadı, nezle bile olmadı. Kimseye yük olmadan, uykuda ölmek isterdi. Hayatın değeri sadece bir osurukla çekip gitmektir, kimseye muhtaç olmadan... Allah bana da öylesini versin. Kolombo Hamza tam da istediği gibi veda etti. Bir gece uyudu. Bir daha uyanmadı.

Mekânın cennet olsun Kolombo.

Sülalemizin en büyük komedyeni sendin.